山东省本科教学改革研究重点项目：基于“四史”教育理念的山东高校本科通识教育特色课程建设研究（Z2022119）

山东省社科联人文社会科学课题：沂蒙精神文献整理与沂蒙文库建设（2023-zkzd-002）

沂蒙精神

大学通识教程

■ 刘本森　编著

山东人民出版社·济南

国家一级出版社　全国百佳图书出版单位

图书在版编目（CIP）数据

沂蒙精神大学通识教程 / 刘本森编著. -- 济南 ：山东人民出版社，2025. 7. -- ISBN 978-7-209-15403-1

Ⅰ. D648.4

中国国家版本馆 CIP 数据核字第 2024RZ4427 号

沂蒙精神大学通识教程

YIMENG JINGSHEN DAXUE TONGSHI JIAOCHENG

刘本森　编著

主管单位　山东出版传媒股份有限公司

出版发行　山东人民出版社

出 版 人　田晓玉

社　　址　济南市市中区舜耕路517号

邮　　编　250003

电　　话　总编室（0531）82098914

　　　　　市场部（0531）82098027

网　　址　http://www.sd-book.com.cn

印　　装　山东华立印务有限公司

经　　销　新华书店

规　　格　16开（160mm×230mm）

印　　张　12

字　　数　155千字

版　　次　2025年7月第1版

印　　次　2025年7月第1次

ISBN 978-7-209-15403-1

定　　价　38.00元

目　录

导 读

“水乳交融、生死与共”铸就的沂蒙精神

沂蒙精神形成于中华民族救亡图存的革命战争年代，与红船精神、井冈山精神、长征精神、延安精神、西柏坡精神一样，是中国共产党与中国人民共同创造的宝贵精神财富，是中华民族精神和中国革命精神的重要组成部分。

“党群同心、军民情深、水乳交融、生死与共”是沂蒙精神的基本内涵，它揭示了沂蒙精神之所以可歌可泣、永续永存的内在机理，诠释了党由小到大、由弱到强的基本逻辑，对培育当代大学生正确的世界观、人生观、价值观具有重要意义。

一、从党的革命精神说起

党的历史是最生动、最有说服力的教科书。习近平总书记在庆祝中国共产党成立100周年大会上的讲话中指出：“一百年前，中国共产党的先驱们创建了中国共产党，形成了坚持真理、坚守理想，践行初心、担当使命，不怕牺牲、英勇斗争，对党忠诚、不负人民的伟大建党精神，这是中国共产党的精神之源。”在一百年的非凡奋斗历程中，一代又一代中国共产党人顽强拼搏、不懈奋斗，形成了一系列伟大精

神，构筑起了中国共产党人的精神谱系。以建党精神为源，我们党在革命战争年代形成了红船精神、井冈山精神、长征精神、遵义会议精神、延安精神、西柏坡精神、沂蒙精神等革命精神。教育引导青年学生大力发扬红色传统、传承红色基因，赓续共产党人精神血脉，是培育堪当民族复兴重任时代新人的应有之义和必然要求。

红船精神是中国共产党人在建党过程中形成的革命精神，是中国共产党革命精神之源。近代以来，中华民族为实现民族独立和国家富强进行了不懈的探索和斗争。1921年7月23日，中国共产党第一次全国代表大会在上海开幕。7月30日，因敌探闯入会场，代表们商定最后一天的会议改在浙江嘉兴南湖的一条游船上举行。会议确定了党的名称和纲领，通过了党的第一个决议。这条游船因此获得了一个永载中国革命史册的名字——红船。从此，中国革命有了坚定的领导者。红船精神是中国共产党革命精神基因之所在。红船精神是开天辟地、敢为人先的首创精神，是坚定理想、百折不挠的奋斗精神，是立党为公、忠诚为民的奉献精神。这构成了红船精神的基本内涵。红船是中国共产党走在时代前列的象征，表明中国共产党从诞生之日起，就是一个敢于创新、勇于进取的马克思主义政党。红船精神一直鼓舞和激励着中国共产党站在历史高度、走在时代前列，取得一个又一个伟大胜利。

井冈山精神是以毛泽东同志为主要代表的中国共产党人在井冈山创建革命根据地、开辟中国革命新道路、进行艰苦卓绝的革命斗争中培育和形成的革命精神。土地革命时期，以毛泽东同志为主要代表的老一辈无产阶级革命家，在南昌起义和秋收起义先后遭到严重挫折的情况下，审时度势，率领工农革命军进军井冈山，在白色政权的四面包围中建立起全国第一个农村革命根据地。党领导红军连续击退了反动势力的多次“围剿”，积累了丰富的军事斗争经验，创设了一整套红军建军原则，提炼了红军游击战争的战略战术。毛泽东还提出了“工农武装割据”思想，回答了“中国的红色政权为什么能够存在”的问题，初步探索出“农村包围城市、武装夺取政权”的符合中国国情的革命道路。在这一过程中，形成了井冈山精神的基本内涵：坚定信念、艰苦奋斗，实事求是、敢闯新路，依靠群众、勇于胜利。

长征精神是中国共产党带领中国工农红军在二万五千里长征的过程中创造的革命精神。长征中的作战，是红军在居于绝对劣势且无后方依托的情况下进行的。在毛泽东的正确指挥下，红军四渡赤水、巧渡金沙江、强渡大渡河、跨越雪山草地、激战腊子口，克服重重困难，摆脱了敌军的围追堵截，最后胜利到达陕北。正是在这种艰苦卓绝的斗争过程中，党和红军形成了革命理想高于天的忘我牺牲精神，敢于战胜一切敌人的革命英雄主义精神，顾全大局、紧密团结的集体主义精神，坚韧不拔、百折不挠的艰苦奋斗精神，一切从实际出发、坚持走自己道路的求实创新精神。这构成了长征精神的基本内涵。长征精神也成为我们党奋斗不止、永不停歇的代名词，“不论我们的事业发展到哪一步，不论我们取得了多大成就，我们都要大力弘扬伟大长征精神，在新的长征路上继续奋勇前进”。

延安精神是中国共产党在延安时期形成的革命精神。党中央和毛泽东在延安时期领导、指挥了抗日战争和解放战争，实现了马克思列宁主义同中国革命实际相结合的第一次历史性飞跃，诞生了毛泽东思想。在这一过程中，形成了以“坚定正确的政治方向，解放思想、实事求是的思想路线，全心全意为人民服务的根本宗旨，自力更生、艰苦奋斗的创业精神”为核心内容的延安精神。延安精神内涵丰富，主要包括延安时期形成的抗大精神、延安整风精神、南泥湾精神、张思德精神、白求恩精神和劳模精神等。伟大的延安精神教育滋养了几代中国共产党人，始终是凝聚人心、战胜困难、开拓前进的强大精神力量。伟大的延安精神是党的性质和宗旨的集中体现，是党的优良传统和作风的集中体现。

西柏坡精神作为井冈山精神、延安精神的承续，具有鲜明的时代特点。西柏坡是中国共产党进入北平之前的最后一个农村指挥所。西柏坡时期，是中国革命从新民主主义革命向社会主义革命转变的关键时期，其中心任务是夺取民主革命的彻底胜利，实现党的工作重心从农村到城市、从战争到建设的转变。“务必使同志们继续地保持谦虚、谨慎、不骄、不躁的作风，务必使同志们继续地保持艰苦奋斗的作风”是西柏坡精神的主题。“两个务必”包含着继续革命、再创大业的思想，体现了积极进取、不断革命的精神。因此，西柏坡精神的基本内涵主要体现为：敢于斗争、敢于胜利，谦虚谨慎、艰苦奋斗，依靠群众、团结统一。西柏坡精神体现了中国共产党在历史转折关头强烈的、自觉的社会责任感和使命感，表明了中国共产党在伟大成就面前始终保持清醒的头脑和实事求是的科学态度。

“沂蒙精神与延安精神、井冈山精神、西柏坡精神一样，是党和国家的宝贵精神财富，要不断结合新的时代条件发扬光大。”作为党和人民共同铸就的革命精神，沂蒙精神脱胎于伟大建党精神，与井冈山精神、延安精神、西柏坡精神等一脉相承、同根同源。沂蒙精神映照着党的初心使命、诠释着党的性质宗旨，历经岁月磨砺而光芒依然灿烂，是党和国家的宝贵精神财富，是中国共产党人精神谱系的重要组成部分。

二、沂蒙精神的基本内涵

2013年11月25日，习近平总书记在临沂考察时指出，“山东是革命老区，有着光荣传统，军民水乳交融、生死与共铸就的沂蒙精神，对我们今天抓党的建设仍然具有十分重要的启示作用”。这一重要论述为我们提炼沂蒙精神的基本内涵提供了根本遵循。

沂蒙精神作为中国共产党人精神谱系的重要组成部分，诞生于齐鲁大地，深受齐鲁文化的熏陶和马克思主义的浸润，是中华优秀传统文化与马克思主义相结合的产物，尤其是经历了革命战争的淬火历练，是一种内涵丰富的革命文化和红色文化。沂蒙精神既与红船精神、井冈山精神、长征精神、延安精神、西柏坡精神等革命精神同根同源、一脉相承，有着本质上共通的精神特质，同时又有自身特点和鲜亮特征，概括起来就是“党群同心、军民情深、水乳交融、生死与共”。

“党群同心、军民情深、水乳交融、生死与共”，充分揭示了沂蒙精神形成的深层原因。我们党作为马克思主义政党，有坚定的信仰，也有深厚的为民情怀。回望历史，1938年12月，党中央一声令下“派兵去山东”，八路军第一一五师挺进鲁南，建立抗日根据地，抗日烽火燃遍齐鲁大地。在保家卫国、救亡图存的革命斗争中，无数共产党员和革命战士用鲜血与生命赢得了广大人民群众的真心拥护。1941年12月，渊子崖保卫战打得异常激烈，这场老百姓抵抗日伪侵略的战斗被《解放日报》称为“村自卫战的典范”。在危急时刻，八路军山东纵队二旅五团及板泉区地方武装赶来支援。在激烈的战斗中，40多名干部、战士壮烈牺牲。我们党舍身为民，老区人民感党恩、听党话、跟党走，使沂蒙精神的形成有了力量之源。

“党群同心、军民情深、水乳交融、生死与共”，生动诠释了党和人民生死相依的血肉联系。我们党心系老百姓，老百姓心向共产党。沂蒙精神之所以感天动地，就是因为党和人民的鱼水情谊升华到了生死与共的境界。“最后一碗米送去做军粮，最后一尺布送去做军装，最后一件老棉袄盖在担架上，最后一个亲骨肉送去上战场”，是沂蒙精神的生动写照。从1937年到1949年，沂蒙山革命根据地发生大小战斗4000余次，当时根据地420万人口中，有120多万人拥军支前，20多万人参军参战，10多万将士血染疆场。山东的党政军民用生死与共的实际行动，树起了一座巍峨的历史丰碑，昭示和激励我们党必须植根人民，始终与人民同呼吸、共命运、心连心。

“党群同心、军民情深、水乳交融、生死与共”，深刻回答了“我是谁、为了谁、依靠谁”的永恒课题。沂蒙精神之所以与岁月同辉、与时代共进，就在于“水乳交融、生死与共”体现着党的性质和宗旨，贯穿着马克思主义群众观和党的群众路线，揭示了党由小到大、由弱到强的基本逻辑，道出了党的建设的真谛。我们党一路走来，经历革命、建设、改革各个时期，地位变了、条件变了、环境变了，但初心和使命从未改变。始终把人民放在心中最高的位置，始终把人民对美好生活的向往作为奋斗目标，始终全心全意为人民服务，是沂蒙精神的题中之义，更是新时代弘扬沂蒙精神的必然要求。

三、沂蒙精神与大学生成长成才

了解历史才能看得远，理解历史才能走得远。习近平总书记强调，“广大青年要爱国爱民，从党史学习中激发信仰、获得启发、汲取力量，不断坚定‘四个自信’，不断增强做中国人的志气、骨气、底气，树立为祖国为人民永久奋斗、赤诚奉献的坚定理想”。

沂蒙精神是开展大学生思想政治教育的重要资源。沂蒙精神是在中国共产党的领导下，山东党政军民共同创造出来的民族精神。革命战争时期，山东人民积极参军参战，拥军支前，为革命的胜利献出了鲜血和生命。沂蒙山区“乡乡有红嫂，村村有烈士”就是山东人民爱国主义光辉业绩的生动体现。革命先烈胸怀理想，为革命胜利甘愿抛头颅洒热血，以大无畏的豪情披荆斩棘，为当代大学生成长成才树立了典范。大力弘扬沂蒙精神，有利于引导当代大学生树立科学的、进步的价值观，坚定中国特色社会主义共同理想，增强对爱国主义精神的认同感。

沂蒙精神是坚定大学生理想信念的良好素材。理想信念能够决定一个人、一个组织的精神状态及前进方向，是一个人乃至一个民族的精神支撑。沂蒙精神是以共产主义理想和信念作为政治灵魂的精神，是山东人民在长期革命实践中崇高政治信仰、坚定政治立场的集中展现。大学生正处于理想信念形成的关键时期，弘扬沂蒙精神，有利于帮助当代大学生进一步坚定对马克思主义的信仰，树立共产主义的远大理想，增强高举中国特色社会主义伟大旗帜、走中国特色社会主义道路的自觉性和坚定性。

沂蒙精神是培养大学生艰苦创业精神的生动资源。抗日战争时期，山东党组织从零开始，艰苦奋斗创建八路军山东纵队。党组织领导山东根据地谋生存、求突破，取得了一个又一个胜利，为中国革命最终赢得胜利作出了伟大历史贡献。其中体现出的艰苦奋斗的创业精神，正是当代大学生成长成才所需要的宝贵品质。弘扬沂蒙精神，加强对大学生艰苦奋斗、开拓创新精神的教育，有利于培养他们意志坚定、刻苦钻研、自力更生、艰苦朴素的优秀品质，增强实现中国式现代化的精神力量。

沂蒙精神为塑造大学生无私奉献的品质提供了动人案例。沂蒙精神集中体现了山东人民在革命实践活动中顾全大局、勇于奉献的价值理念。山东人民总是从大局出发，以国家、集体和人民的利益为重，先公后私，以至公而忘私，诞生了沂蒙红嫂、支前大军和南下干部等享誉全国的模范群体。这种顾全大局、大公无私、勇于奉献的价值取向是沂蒙精神的核心，充分体现了山东人民正确的价值观念和崇高的思想境界，为当代大学生实现人生价值作出了榜样。弘扬无私奉献的沂蒙精神，有利于引导大学生正确处理个人利益与国家利益、集体利益之间的关系，塑造他们无私奉献、敢于担当的品质。

未来属于青年，希望寄予青年。习近平总书记强调：“一百年来，中国共产党团结带领中国人民进行的一切奋斗、一切牺牲、一切创造，归结起来就是一个主题：实现中华民族伟大复兴。”一百多年来，在中国共产党的旗帜下，一代代中国青年把青春奋斗融入党和人民的事业，成为实现中华民族伟大复兴的先锋力量。新时代的中国青年，要以实现中华民族伟大复兴为己任，增强做中国人的志气、骨气、底气，不负时代，不负韶华，不负党和人民的殷切期望！

第一章

热血浇灌——沂蒙精神的形成

习近平总书记在庆祝中国共产党成立100周年大会上的讲话中指出，要“坚持把马克思主义基本原理同中国具体实际相结合、同中华优秀传统文化相结合，用马克思主义观察时代、把握时代、引领时代”，并在党的二十大报告中进一步阐明“两个结合”的基本内涵和实践意义，后又在文化传承发展座谈会上深入阐释“两个结合”的重大意义，强调“第二个结合”让中国特色社会主义道路有了更加宏阔深远的历史纵深，拓展了中国特色社会主义道路的文化根基。“第二个结合”有助于我们科学认识沂蒙精神的诞生和形成。革命战争年代，山东人民在中国共产党的领导下不畏牺牲、同仇敌忾，谱写了壮丽的革命诗篇，铸就了伟大的沂蒙精神。沂蒙精神的形成，有特定的文化沃土、科学的理论指导和深厚的实践基础，是马克思主义与优秀的齐鲁文化相结合、与山东革命实际相结合的产物。

一、植根沃土：地域特色与文化传承

沂蒙精神起源于沂蒙山区，植根于齐鲁大地，受到齐鲁文化的滋润，具有鲜明的地域特色和文化特征。

（一）何谓“沂蒙”

1.“沂蒙山区”概念的提出。全面抗战爆发后，山东党组织领导了十余次武装起义，形成了以沂蒙山区为中心的抗日根据地。中共中央对山东的工作非常重视，在1938年1月15日的指示信中提出：“省委工作的中心应当放在鲁中区，开始依靠新泰、莱芜、泰安、邹县的工作基础，努力向东发展，尤以莒县、蒙阴等广大地区为重心。因此，我们提议省委应在鲁中区较为适宜，万一在徐州被占的情况下，省委应以苏鲁边广大地区为活动范围。”这是中共中央第一次提出山东省委要以鲁中为中心开展工作，鲁中是沂蒙山区的腹地。

1938年5月，中共山东省委书记郭洪涛在致党中央的电报中提出，要创立以鲁中“沂蒙山区”为中心的抗日根据地，同时建立其他地区的根据地，作为依托，实施“发展和坚持山东游击战争的战略计划”。这一战略计划得到了党中央的认可，毛泽东复电称：“这个战略计划很好，望即照此去做。”郭洪涛的电报中最早提出了“沂蒙山区”的概念，之后传遍大江南北的“沂蒙山”这一名词就是由此而来的。随着抗日战争和解放战争的发展，沂蒙山的名字越叫越响，同井冈山、延安、太行山、西柏坡一样响彻祖国大地。

2. 沂蒙山区的地理范围。沂蒙山区有广义和狭义之分。广义的沂蒙山区，泛指抗日战争时期鲁中、鲁南、滨海三大战略区的范围，也就是解放战争后期鲁中南区的范围，包括今天临沂、日照、枣庄的全部，济宁东部、济南南部、泰安东部、青岛南部、潍坊南部、淄博南部的大部区域，一度连江苏的徐州、连云港北部也属于沂蒙根据地。狭义的沂蒙山区专指革命战争年代鲁中区的沂蒙专区，包括今天的沂水、沂南、蒙阴、沂源的全部和费县、平邑北部，新泰东南部的区域。

知识广角

沂蒙革命老区

根据2011年9月国务院办公厅下发的《关于山东沂蒙革命老区参照执行中部地区有关政策的通知》，“沂蒙革命老区”包括以下18个县（市、区）：临沂市的费县、沂水县、沂南县、郯城县、平邑县、蒙阴县、临沭县、莒南县、苍山县（今兰陵县）、罗庄区、河东区、兰山区，淄博市的沂源县，潍坊市的临朐县，济宁市的泗水县，泰安市的新泰市，日照市的五莲县、莒县。以上县（市、区），在安排中央预算内投资等资金时，参照执行国家扶持中部地区的有关政策。

3. 沂蒙人民的指代范围。1940年7月，山东省战时工作推行委员会在临沂市沂南县青驼镇正式成立，随后各级抗日民主政权纷纷建立，这标志着以沂蒙山区为核心的山东抗日根据地的形成。沂蒙山区是抗日战争时期中国共产党领导山东军民反抗日本侵略者的政治中心，也是解放战争时期中国共产党指挥华东地区军民反抗国民党反动派的中枢，成为山东革命根据地的代称。与之相应，“沂蒙人民”，一般指以沂蒙山区为中心的山东根据地（解放区）人民。

（二）地域特色

沂蒙大地拥有独特的地貌特征和浓厚的文化氛围，具有明显的地域特色。

蒙山沂水，山高水长。一方水土养一方人。沂蒙山区地处山东中南部，可以说是联系华北、华东、华中的重要枢纽。境内不仅群山连绵，而且河道纵横，地形复杂，地貌多样，尤其是拥有一种特殊的地貌——崮。崮的山顶平坦如平原，但是四周峭壁陡立，极为险峻。多山少土、交通不便的自然环境使得过去的沂蒙山区环境恶劣，经济发展落后。《蒙阴县志》中有这样的记载："千山环其外，百流出其中……四塞之崮，舟车不通，土货不出，外货不入。"艰苦的环境造就了沂蒙人民自强不息、不畏艰难、吃苦耐劳、坚忍不拔的性格。

自古以来，沂蒙人民就有反抗剥削、反抗压迫、反抗外来侵略的光荣革命传统。汉代的吕母、樊崇起义，宋朝的杨妙真、李全红袄军起义，明末清初的费县王俊起义，清末的鲁南幅军起义，都体现了沂蒙人民不屈不挠、敢于斗争的英雄主义精神。正是在这种悠久历史和特殊地理环境的影响下，沂蒙人民形成了朴实、善良、勤劳、勇敢、智慧、自强不息的优秀品质。

（三）文化传承

齐鲁大地是中华文明的重要发祥地之一，这里悠久厚重的历史文化积淀，既是中华民族精神的重要渊源，也是伟大沂蒙精神形成的丰厚土壤。

历史见证了古代文明的辉煌。"沂源猿人"在这里繁衍生息，原始陶文、金缕玉衣、银雀山汉墓竹简等，展示着齐鲁大地的久远文明。东夷文化、齐文化、鲁文化、楚文化在这片区域交汇融合，使得这里文脉悠远、文明璀璨、文化底蕴深厚，形成了独具特色的地域文化圈。齐鲁大地现存石器时代遗址1000余处，其中新石器时代的文化最为灿烂，具有代表性的北辛文化、大汶口文化、龙山文化遗址多集中在沂河、沭河流域。先秦时期，沂蒙地区先后建立了颛臾、鄅、鄫、郚、阳、向、莒、郯等国，许多故城遗址遗留至今。

齐文化与鲁文化交汇融合。山东人民受到齐鲁文化的熏陶，既有开放的齐文化思维，又有重伦理的儒家思想，这些文化基因经过两千多年的历史积淀，已经流淌在山东人的血液中，成为山东人特有的文化基因。鲁文化的敦厚重礼、仁爱诚信，齐文化的开放进取、求真务实，共同催生了齐鲁儿女忠诚厚道、诚实守信、艰苦奋斗、变革图强的精神品质。

齐鲁大地人杰地灵、英才辈出，历史上曾涌现出许多著名的思想家、政治家、军事家、科学家、发明家、文学家和艺术家，有姜尚、管仲、晏婴、孔子、曾参、孙武、吴起、墨子、鲁班、孟子、孙膑、扁鹊、徐福、郑玄、诸葛亮、王叔和、王羲之、王献之、刘勰、贾思勰、颜真卿、李清照、辛弃疾等，可谓钟灵毓秀、群星璀璨。

齐鲁大地重道义、崇气节、颂正直、贵信实、求和气的文化传统，齐鲁儿女勤劳朴实、公忠体国、追求进步、自强不息的优秀品质，为沂蒙精神的产生赓续了深厚的文化基因。

二、理论浸润：传播马克思主义与创建党组织

沂蒙地区优秀传统文化的基因不会天然地催生革命的红色文化，只有在马克思主义科学理论的指导下，并在中国共产党领导的革命实践中，才能创造出崭新的文化形态。中国共产党的早期理论传播和革命实践，如黑夜中的星火照亮了人民群众前行的革命道路，并逐步燎原于沂蒙大地，为沂蒙精神的诞生奠定了必要的思想基础。

（一）马克思主义的传播

沂蒙地区是山东较早传播马克思主义的地区之一。20世纪20年代以后，一批进步青年分赴外地寻求真理，探索救国救民之道，他们在

斗争中选择和接受了马克思主义，有的经常回家宣传革命思想，有的则直接回到家乡开展建立党组织的工作。

1. 传播革命思想。经过五四运动的洗礼，一批又一批先进的知识分子和有志青年以极大的热情和空前的勇气迅速投入到对马克思主义的传播中去。早在中国共产党成立前，党的早期活动家、中共一大代表王尽美就在山东播撒火种，传播新思想，培养了第一批马克思主义思想的“盗火者”。在这期间，一些进步青年走出沂蒙山，开始接受并传播马克思主义。进步青年们，一是通过图书、信件等方式，把新思想和马克思主义学说传播到沂蒙地区，向家乡人民宣传中国共产党的纲领和主张；二是利用假期和省亲的机会回到家乡，通过各种形式广泛传播马克思主义，宣传革命思想。主要代表人物有蒙阴县的刘晓浦、刘一梦，沂水县的李清漪、李清潍，沂南县的刘鸣

传播阵地

1920年11月21日下午，省立一师学生王尽美、省立一中学生邓恩铭等发起的励新学会在商埠公园大厅举行成立大会。学会“以研究学理，促进文化为宗旨”，以“勤、俭、诚、勇”为信条，出版发行会刊《励新》半月刊，王尽美任主编，邓恩铭任学会庶务，总揽会务。《励新》半月刊登载了大量有关山东教育和妇女解放及讨论社会改造问题的文章，通过具体事实，剖析社会，痛斥反动当局的罪恶，抨击社会时弊，启发青年的觉悟。学会在不同程度上宣传了一些马克思主义观点和社会主义思想，在济南青年学生中产生较大影响，造就了一批开始研究马克思主义的进步青年，促使他们由民主主义者向共产主义者转变。

銮，郯城县的刘之言和临沂县的孙善师等。李清漪、李清潍举办的平民学校等，成为马克思主义和新思想的宣传阵地。刘鸣銮、刘之言、孙善师也都采取各种方式积极传播马克思主义。这一时期，仅沂蒙地区就形成了沂水、日照、郯马三个马克思主义宣传中心。

2. 理论武装人民。马克思主义的根本力量在于与人民群众实践的紧密结合。当时，齐鲁大地文化环境相对闭塞，广大人民群众的受教育程度普遍较低。如何让广大人民群众接受马克思主义这一闻所未闻的“洋思想”，考验着年轻的马克思主义传播者的智慧。早期的先进分子和中共党员在传播马克思主义的过程中，不是一味地“灌输”革命思想，而是采取了群众易于接受的多种方式方法。其中，建立平民学校和群众社团是当时最为普遍的做法。建立平民学校，以识字扫盲的方式传播先进思想，这种做法后来在八路军第一一五师挺进山东和创建根据地的过程中被采用，成为党教育引导群众和融洽党群关系、军民关系的重要方式之一。这些最初的马克思主义传播者都有共同的做法，就是注重依靠群众和引导群众。马克思主义的星星之火之所以点得着、蔓延得开、烧得旺，得益于早期马克思主义传播者注重宣传教育的通俗化、大众化和普及化。自此，马克思主义的朴素真理开始为部分先进群众所接受，党的群众基础开始建立，奠定了党在根据地发展壮大的根基。

（二）党组织的创建

马克思主义先进理论的传播，给在黑暗中苦苦抗争的广大人民点亮了新的希望，促进人民群众革命意识的觉醒，为人民群众的革命运动指明了方向，为山东地区党组织的创建奠定了思想基础和群众基础。

1921年春，济南共产党早期组织成立。图为油画《齐鲁黎明：王尽美、邓恩铭和共产主义小组先驱们》

1921年春，王尽美、邓恩铭等建立济南共产党早期组织，点燃了希望之火，齐鲁大地初现曙光。1922年7月，王尽美、邓恩铭等人建立了山东第一个党支部——中共济南支部。1923年10月，中共济南地方委员会成立，王尽美任书记。同时，邓恩铭、王复元等到青岛、张店、淄川等地推动建党工作。国共合作后，1925年2月，中共山东地方执行委员会成立，尹宽、邓恩铭先后任书记。4月至7月，青岛党组织发动了青岛纱厂工人大罢工。1924年5月到1926年6月，山东的共产党员由17人发展到500多人。1926年7月，国民革命军挥师北伐，此时，济南、青岛、淄博、张店、益都、寿光、广饶、潍县及鲁西北等地也建立了党支部。为加强统一领导，1926年10月中共山东区执行委员会成立，先后由吴芳、邓恩铭任书记。到1927年春，山东党组织建有4个地委、2个市委和14个直属支部，拥有党员约1500人。

就沂蒙地区来说，1927年4月成立的中共沂水支部，是沂蒙地区最早的党组织。沂蒙地区创建党组织之初，就通过多种方式宣传《向导》《新青年》《共产主义ABC》《共产党宣言》等进步书刊，广泛传播马克思主义，宣传革命思想，在人民群众心中洒下了共产主义的真理之光。接受了马克思主义革命思想的民众，从封建思想的束缚下挣脱

党史故事

建党“忠厚长者”——杨明斋

杨明斋证件照

杨明斋是中国共产党创建时期著名的革命活动家，上海共产党早期组织和社会主义青年团的创始人之一。他被周恩来誉为我们党历史上受人尊敬的“忠厚长者”，被李大钊称赞“万里投荒，一身是胆”。

1882年，杨明斋出生于山东省平度县马戈庄的一个农民家庭。青年时期，杨明斋闯关东到东北，后来到俄国谋生。在俄国，他光荣加入了列宁领导的布尔什维克党。

1920年4月，杨明斋和维经斯基等人组成了俄共(布)远东局海参崴分局外国处工作小组，来到中国，帮助筹建共产党组织。杨明斋是工作小组的重要成员兼翻译，在中国，会见哪些人、到哪些地方，都是杨明斋建议和决定的，所以他对党的早期组织的建立发挥了至关重要的作用。8月下旬上海共产党早期组织正式成立，这是中国第一个地方早期党组织，杨明斋就是成员之一。杨明斋还到自己的家乡山东，与济南共产党组织的发起人王尽美等人会面，筹备创建山东早期党组织。

杨明斋从事过各种各样的革命活动。他发起了组织社会主义青年团并担任负责人，1920年8月22日上海社会主义青年团在他的住所宣告成立；他积极从事党的翻译和教育工作，他是党创办的第一所革命干部学校——外国语学社的校长和俄语教员；他创办华俄通讯社并担任社长，翻译了大量有关苏俄、共产国际方面的资料；他积极开展工人运动，协助成立上海机器工会、上海工人游艺会等工人组织；他和张太雷一起出席了共产国际第三次代表大会。

后来，杨明斋返回苏联，继续从事革命工作。1938年2月，杨明斋在苏联以被捏造的罪名逮捕，是年5月牺牲。1989年1月，苏共中央为杨明斋恢复了名誉，8月，杨明斋由我国民政部门公布为革命烈士。我们党的这位“忠厚长者”怀着崇高的信念，孜孜不倦地工作，直至献出宝贵的生命。他对中国共产党的创建所作出的历史贡献是不可忘却的，应当永载史册。

出来，将理论学习与实践斗争紧密地结合在一起，开始了轰轰烈烈的革命斗争。可以说，马克思主义先进理论的传播为沂蒙精神的形成创造了有利的条件。

中共沂水支部主要做了以下工作。一是发展党员，相继吸收朱寿年、孙固斋、徐子厚、曹泽生、张静诺等入党。此外，还发展了女子高等小学的牟馨斋、徐景班、皇甫玉、刘洁斋入党，她们成为沂蒙地区的第一批女党员。二是组织群众，在县城建立教员联合会和学生联合会，在县城周围建立农民协会，开展革命斗争运动。

至1929年4月，沂水县的党员发展到200余人，农民协会发展到近50个，会员达5万余人。此后不久，日照、临沂、郯城等地也相继建立了党组织，沂蒙人民的革命斗争进入崭新的历史时期。

1929年10月，中共郯城县立第三小学支部成立，刘之言任书记兼宣传委员。该支部成立后，大力发展党员，在磨山、临沂省立第五中学、临沂省立第三乡村师范学校、费县平邑镇、费县师范讲习所、郯城马站、临沂县傅庄等地建立了党支部，建立了团支部和学生会，创办了《红色鲁南》和《农民》等刊物，开展了一系列革命宣传活动和学生运动、农民运动。1932年6月，中共郯城县委成立。中共郯城县立第三小学支部的建党活动取得显著成绩，把革命火种撒向了鲁南大地，为此后鲁南革命斗争的开展奠定了坚实的思想基础和组织基础。

山东党组织的建立，使人民群众的革命活动有了主心骨，由此组织和发动了十几次农民暴动。仅沂蒙地区的党组织就先后组织了闻名全国的日照暴动、沂水暴动、苍山暴动和龙须崮暴动等，打出了工农红军游击队的旗帜，掀起了革命的波澜。虽然这些暴动最终以失败告终，但它们在一定程度上打击了国民党的反动统治，扩大了中国共产党的影响，播下了革命的火种。

知识广角

日照暴动、沂水暴动、苍山暴动、龙须崮暴动

1932年10月，中共日照中心县委领导日照暴动。10月13日，暴动分北南两路同时发起。北路暴动队在安哲率领下，攻克王家滩，不战而克两城镇，连破数十村庄。南路暴动队在郑天九、陈雷率领下，夜打夹仓，袭击涛雒，连克平家村、苗家村等数十个村庄，反击沟洼获全胜。但是，暴动很快遭到敌人的围追堵截，北路和南路不能会师。因敌我力量悬殊，两支队伍不得不于25日分散兵力，转入隐蔽斗争。日照暴动是山东这一时期规模最大的一次暴动，历经大小战斗30余次，与数十倍于己的敌人进行了为期12天的英勇奋战。

1933年4月，中共沂水县委以大刀会会众为主力，以抗捐抗税的形式反抗国民党的反动统治，酝酿发动沂水暴动。中共沂水县委派党团员加入大刀会，并在大刀会中发展党员，掌握了沂水县西北部和西部部分基层大刀会的领导权。5月29日，暴动开始，400余会众袭击了国民党沂水县第七崖庄训练处。驻临沂的国民党军第八十一师展书堂部到沂水镇压大刀会，对受大刀会领导的村庄进行疯狂的烧杀抢掠。7月1日，展书堂部在石观坪杀害会众和群众200余人。2日，展书堂部攻克黄石山，血腥屠杀会众和在山上避难的群众3000余人，制造了黄石山惨案。

1933年7月，中共临郯县委发动苍山暴动，县委书记刘之言率部登上苍山，竖起红旗，惩治了大围子村恶霸地主刘三父子，宣布成立中国工农红军鲁南游击总队，同时宣布成立苏维埃政府。7月10日，驻临沂的国民党军第八十一师唐邦植旅向大围子村发起攻击，队员们英勇抗争，多名队员不幸牺牲。突围时，郭云舫、刘之言先后被俘，后分别在向城、卞庄就义，另有53人被国民党军杀害。

1933年9月，中共新泰县委在新泰、蒙阴两县交界的龙须崮举行暴动，由蒙阴县井旺村党员娄家驷担任军事指挥。9月5日，娄家驷和县委委员崔全法率60余人登上龙须崮，竖起“山东新蒙红军”的旗帜。他们袭击了张庄、坡里的地主武装，没收了地主的粮食济贫。国民党蒙阴县县长张尊孟派县保安大队副大队长黄咏周（中共地下党员）带兵“围剿”。县委在黄咏周的建议和帮助下疏散了部分暴动队员，由娄家驷、崔全法率30余名队员转入鲁山开展游击战争，17日突围时被打散。不久后，娄家驷、崔全法被国民党军逮捕杀害。

（三）山东党组织的重建

国共合作破裂之后的白色恐怖，使得山东党组织遭到了严重破坏。济南党组织从1933年10月与中共中央、北方局失去联系。为了寻找上级党的领导，部分济南党员多次去北平、上海、青岛等地联系，但均无音讯。

1935年冬，济南乡师党员赵健民骑着自行车行程400多华里，在濮县徐庄见到了中共河北省委代表兼直南特委书记、直鲁豫特委书记黎玉。赵健民详细汇报了他们独立恢复、发展党组织，建立中共济南市委、鲁西特委和山东省工委，坚持斗争和寻找上级党组织的情况。黎玉很快将赵健民有关山东工作情况的报告和请求转给河北省委。1935年12月，中央派刘少奇以中央驻北方代表的身份主持北方局的工作。1936年二三月间，刘少奇抵达天津，领导华北党的工作。4月，中共中央北方局任命黎玉为山东省委书记，委派他重建中共山东省委。

1936年5月1日，在济南市四里山下的一片坟地里，黎玉、赵健民、林浩会合，黎玉宣布成立中共山东省委。为了工作方便，对外称山东省工委，黎玉任书记，赵健民任组织部部长（兼济南市委书记），林浩任宣传部部长。这样，与上级党组织失去联系近三年的山东党组织，正式与北方局取得联系。这次会议标志着重建后的山东省委又得到了中共中央的指导，使全省党组织的恢复和发展进入一个新的阶段，是山东党组织发展史上的重大转折。

三、淬火历练：形成与发展

沂蒙山区是沂蒙精神的发源地。抗日战争和解放战争时期的沂蒙山区有“山东的小延安”之称，是中国共产党在山东乃至整个华东地区的政治、军事和文化中心。山东党政军机关、华东局机关长期驻扎在这里，八路军第一一五师、八路军第一纵队、新四军、华东野战军长期在这里转战。山东省政府的前身——山东省战时工作推行委员会（简称“省战工会”）在这里诞生，《大众日报》在这里创刊，山东抗日军政干部学校在这里创建。这里是打击日本侵略者和国民党反动派的主战场，著名的鲁南战役、莱芜战役、孟良崮战役都发生在这里。刘少奇、罗荣桓、陈毅、徐向前、粟裕等老一辈无产阶级革命家都在这里工作和战斗过。

（一）沂蒙成为山东抗日根据地的中心

1938年8月，中共苏鲁豫皖边区省委进驻沂水县岸堤（今属沂南县）。在岸堤，边区省委进一步确立了在沂蒙山区建立抗日根据地的方针，着手创建以沂蒙山区为中心的山东抗日根据地。12月，中共中央决定，中共苏鲁豫皖边区省委改为中共中央山东分局。随后，中共中央山东分局在沂水县王庄正式成立，并长期活动于沂蒙山区。

中共中央山东分局成立后，先后在山东抗日根据地设立过11个区党委，至抗日战争胜利时，调整为鲁南、鲁中、滨海、胶东、渤海5个区党委。其中，鲁南、鲁中、滨海区的核心区都在沂蒙山区。到1945年8月，全省共设立22个专员公署、127个县级政府。山东党组织在建立山东抗日根据地的过程中，始终高举抗日爱国旗帜，坚定理想信念，紧紧依靠山东人民，坚持抗战，反对投降，使广大人民群众看清了谁是真正抗战的、谁是真正为老百姓谋利益的。中国共产党救国救民的正确主张和与日本侵略者血战到底的实际行动，使山东人民看到了希望，找到了救星，人民群众纷纷向共产党靠拢，紧跟共产党投身于抗日救亡运动之中。

位于沂水县王庄的中共中央山东分局旧址

为加强山东敌后抗战的军事力量，在党的六届六中全会上，毛泽东提出“派兵去山东”。1938年11月25日，毛泽东等致电彭德怀，指出：“以陈、罗率师部及陈旅主力（两主力团）全部去山东、淮北为适宜……”12月初，第一一五师三四三旅六八五团改称苏鲁豫支队，挺进山东湖西地区。12月19日，第一一五师师部及六八六团在陈光、罗荣桓的率领下，从晋西灵石县双池镇出发开始东进，于1939年3月1日进入山东，5月进驻沂蒙山区。从此以后，这支部队长期战斗在沂蒙山区。第一一五师主力部队入鲁，大大加强了山东的抗日武装力量。1939年6月，中共中央又派徐向前、朱瑞一行到达沂蒙山区，与中共中央山东分局、八路军山东纵队指挥部会合。8月，经中共中央批准，八路军第一纵队正式成立。第一纵队机关与山东纵队机关合并后，山东纵队的番号仍保留，其所属部队仍称山东纵队。八路军第一一五师与山东纵队同根据地人民并肩战斗，不屈不挠，与敌人展开了浴血奋战，粉碎了日伪军的一次又一次“扫荡”“蚕食”和封锁，巩固和发展了山东抗日根据地，为夺取全国抗日战争的胜利作出了突出贡献。八路军第一一五师主力部队入鲁时只有五六千人，到抗日战争结束时，山东八路军主力部队达到27万人，占八路军总兵力的近22.5%。山东八路军与根据地人民群众建立了鱼水情深的关系，广大指战员身先士卒、亲民爱民、救死扶伤的模范行动，深深地感动了山东人民，使他们认识到了谁是人民的大救星、谁是最可信赖的人。

中共中央山东分局始终高度重视根据地政权建设。1940年8月，山东省战时工作推行委员会在沂临边联县（今沂南县）青驼寺成立，标志着山东抗日根据地建设进入一个新的发展阶段。各级抗日民主政权在沂蒙山区普遍建立起来，并形成了鲁中、滨海、鲁南三大战略区。1940年11月，山东省临时参议会颁布《人权保障条例》，根据地贫苦农民翻身做了主人，庄户县长、牛倌区长、长工村长纷纷登上政治舞台。同时，根据地广泛开设识字班，让没上过学的劳苦大众接受文化教育。1942年，根据地开展了以减租减息为中心的群众运动。通过一系列措施，根据地度过了最艰难的岁月，迎来了发展壮大的新时期。

（二）沂蒙精神在党的领导下形成

山东根据地的每一步发展，都离不开党中央和毛泽东的英明决策，沂蒙精神同样是在党的坚强领导下形成的。1941年到1943年是抗战最艰苦、最困难的时期。日军连续发动五次“治安强化运动”和多次“扫荡”“蚕食”，向根据地疯狂进攻，尤其是1941年和1942年两次空前规模的冬季大“扫荡”，使根据地面积和人口急剧减少。在此特殊时期，国民党顽固派实施“曲线救国”，也趁机向根据地渗透，山东根据地遭受重大损失。党中央派刘少奇到山东检查指导工作。刘少奇在深入调查研究后，作了八个报告，在深入发动群众开展减租减息等中心工作方面使各方达成了共识，统一了山东党政军民的思想。

到1943年，山东党政军实现了统一领导，建立了全新的政治、经济和文化秩序。在政权建设上，按照“三三制”原则，陆续建立起各级抗日民主政权，实现了人民当家作主；在经济建设上，通过减租减息、大生产运动、精兵简政等，发展了生产，减轻了农民负担；在文化教育上，陆续开展了以冬学、识字班、常年民校等为主要形式的民众教育，把根据地的民众教育推向高潮。这种全新的政治、经济和文化秩序维护了劳苦大众的利益，使人民群众从实践中切身感受到，只有共产党才是真正为人民谋利益的，只有跟着共产党走才能翻身得解放，从而使他们以高涨的热情投入到革命斗争中去。这一时期，涌现

位于山东省沂南县马牧池乡东辛庄村的“沂蒙母亲”王换于纪念馆

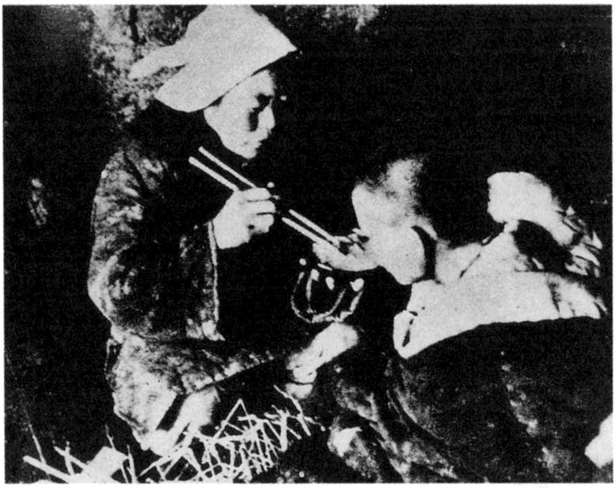
人民群众救助八路军伤员

出渊子崖保卫战、朱村保卫战等经典战例和以明德英、祖秀莲、王换于为代表的英雄人物和英雄群体，谱写了感天动地的篇章。据不完全统计，从1945年9月至1949年10月，山东动员近百万名青壮年参军入伍，使人民解放军有充足的兵源补充；先后动员1106万人次支前，随军民工北上东北、渡黄河、进中原、战淮海、下江南，转战17个省、市。

中共中央政治局原委员、中央军委原副主席、原国务委员兼国防部部长迟浩田上将曾不止一次动情地说："从某种意义上讲，我们的胜利，是老区人民特别是沂蒙山区人民用小米喂出来的，用担架抬出来的。我永远也忘不了沂蒙老姐姐们的恩情。"党政军民勠力同心、血肉相连，用鲜血和生命共同培育了伟大的沂蒙精神。

（三）沂蒙精神得到不断发展

沂蒙精神孕育形成于以沂蒙山区为中心的山东抗日根据地。在抗日战争和解放战争时期，山东根据地始终是我们党和军队重要的根据地之一。八路军山东纵队、第一一五师司令部、新四军军部、华东野战军总部、山东省党政机关曾长期驻扎在这里，刘少奇、陈毅、罗荣桓、徐向前、粟裕等老一辈无产阶级革命家都曾经在这里工作战斗过。在硝烟弥漫的蒙山沂水，党和人民军队为了人民利益

红色故事

经典红歌《沂蒙山小调》

人人（那个）都说（哎）　沂蒙山好
沂蒙（那个）山上（哎）　好风光
青山（那个）绿水（哎）　多好看
风吹（那个）草低（哎）　见牛羊
高粱（那个）红来（哎）　豆花香
万担（那个）谷子（哎）　堆满仓
咱们的共产党（哎）　　领导好
沂蒙山的人民（哎）　　喜洋洋
人人（那个）都说（哎）　沂蒙山好
沂蒙（那个）山上（哎）　好风光

1940年，《沂蒙山小调》诞生于临沂市费县薛庄镇白石屋。当时，中国人民抗日军政大学第一分校（简称“抗大一分校”）由蒙阴县的垛庄一带迁驻费北，该校的文工团就住在下白石屋村。

1940年，抗日战争进入最困难的时期，当地的反动地方武装组织“黄沙会”散布谣言，阻挠群众参军。山东军民在进行武装斗争的同时，积极运用宣传武器配合活动。为配合八路军第一一五师打击“黄沙会”，文工团团员阮若珊（新中国成立后曾任中央戏剧学院副院长）在一间民房里写成歌词，另一名团员李林（曾任上海歌剧院顾问）以山东人逃荒到东北时唱的调子为基调谱曲，创作了民歌《反对黄沙会》。在一次庆功会上，阮若珊演唱了这首歌曲，群众听后情绪激昂，当场就有300多人报名参军。1946年，华东地区举行民歌会演，这首歌曲受到陈毅的热烈称赞，随后轰动全国。后来经过不断的修改加工，在新中国成立前后，才形成了今天传唱大江南北的《沂蒙山小调》。

1999年，费县县委、县政府在《沂蒙山小调》诞生地建立了纪念碑、纪念亭，记载《沂蒙山小调》诞生的过程。

《沂蒙山小调》诞生地

出生入死、浴血奋战，山东人民在党的领导下舍生忘死、奋勇支前，共同锻造了伟大的沂蒙精神。

沂蒙精神提升于社会主义建设和改革开放时期。在社会主义建设和改革开放时期，中国共产党领导山东人民战天斗地、开拓进取，取得了伟大的成绩。新中国成立之初，沂蒙山区山高土劣，河水泛滥频繁。在中国共产党的领导下，齐鲁儿女继续发扬革命战争时期的精神，战天斗地，以艰苦创业的精神和创造性的劳动，在穷山恶水中展开了大规模的整山治水运动，使沂蒙山区成为20世纪60年代全国农业先进地区之一。这其中的典型就是被毛泽东同志称赞为“愚公移山，改造中国”的厉家寨。改革开放以来，在中国共产党富民惠民政策的指导下，山东人民继续发扬沂蒙精神，以开拓奋进、无私奉献的精神面貌，将自力更生、苦干实干与扶贫支持紧密结合起来，打响了扶贫攻坚战役，实现了革命老区发展的新突破。这其中有全国熟知的村党支部带领群众致富的典型——平邑县九间棚村。宋平同志曾称赞说“社会主义是干出来的，共产党的威信也是干出来的”，并号召全国学习九间棚。

沂蒙精神熔铸于中国特色社会主义新时代。进入新时代之后，山东党政军民牢记总书记嘱托，坚持以习近平新时代中国特色社会主义思想为指导，全面贯彻党的二十大和二十届二中、三中全会精神，深刻领悟“两个确立”的决定性意义，增强“四个意识”、坚定“四个自信”、做到“两个维护”，传承发扬党的百年奋斗历史经验，与时俱进完善思路举措，在继承中发展、在创新中提升，如期打赢脱贫攻坚战，如期全面建成小康社会，各项工作迈上新台阶。2013年11月，习近平总书记在视察山东时指出：“军民水乳交融、生死与共铸就的沂蒙精神，对我们今天抓党的建设仍然具有十分重要的启示作用”，“沂蒙精神与延安精神、井冈山精神、西柏坡精神一样，是党和国家的宝贵精神财富，要不断结合新的时代条件发扬光大”。这些重要论述，深刻揭示了沂蒙精神“水乳交融、生死与共”的核心要义，将沂蒙精神上升到党和国家精神财富的层面，诠释了共产党人成功的秘诀和永葆政治本色的生命基因，为新时代发扬光大沂蒙精神提供了根本遵循。

学习思考

1. 沂蒙精神形成的条件有哪些？
2. 为什么沂蒙成为山东抗日根据地的中心？
3. 沂蒙精神经历了怎样的发展过程？

第二章

理想信念——沂蒙精神的灵魂

崇高的革命理想，坚定的革命信念，是共产党人独特的精神追求，也是广大人民群众的共同信仰。理想信念是中国共产党革命精神和优良传统的精髓，是共产党人精神家园的灵魂和支柱。在革命战争年代，山东党政军民同心同德，通过感天动地的革命壮举，彰显了共产党人的理想信念，并由此凝聚成为沂蒙精神的灵魂。

一、共产党人的理想：实现共产主义

邓小平曾说：“为什么我们过去能在非常困难的情况下奋斗出来，战胜千难万险使革命胜利呢？就是因为我们有理想，有马克思主义信念，有共产主义信念。”理想信念是共产党人的灵魂，也是沂蒙精神的内核所在。

（一）革命理想高于天

实现共产主义是中国共产党人的革命理想。“革命理想高于天”，揭示了理想信念对于共产党人的崇高意义。崇高的革命理想信念，是共产党人安身立命的根本，是支撑共产党人不断奋进的精神支柱。在百年的历史发展中，我们党之所以能够在挫折和失败中永远奋进，正是靠着坚定的理想信念。

沂蒙精神源于共产党人对马克思主义的信仰和对共产主义的信念。党的一大代表王尽美把马克思主义带到齐鲁大地，建立了济南共产党早期组织，出席了中国共产党第一次、第二次全国代表大会。弥留之际，他仍勉励同志们要“为无产阶级和全人类的解放和共产主义的彻底实现而奋斗到底”。刘晓浦、刘一梦叔侄俩，面对“放弃信仰就可以活命”的“生路”，毅然选择了为信仰而献身。“沂蒙母亲”王换于牢记“俺是党的人”，冒死保存《山东省联合大会会刊》。

红色故事

王尽美

王尽美

1898年6月，王尽美出生在莒县北杏村（今属诸城市）一户佃农家庭。1918年，王尽美考入山东省立第一师范学校。1919年五四运动期间，王尽美联络济南其他学校的学生，建立了爱国反日组织，积极开展宣传活动，带领同学们参加集会、游行、罢工。经过五四运动的洗礼，王尽美逐渐成长为一名真正的马克思主义者。

1920年夏秋之际，王尽美、邓恩铭组织一批向往共产主义的青年学生，秘密成立了“康米尼斯特（英文‘共产主义’音译）学会”。这是济南现代史上第一个研究、宣传马克思主义和共产主义的革命团体。1920年11月，王尽美、邓恩铭等又发起筹建“励新学会”，出版半月刊《励新》。越来越多的进步青年加入这一队伍，会员很快发展到了二三十人。

1920年4月，共产国际代表维经斯基在济南会见了王尽美、邓恩铭等人，介绍了十月革命、建立苏维埃政权的情况，并提出了在中国建立共产党的看法等。同年8月，上海共产党早期组织在陈独秀的领导下建立。1921年春，经王尽美等人的努力，济南共产党早期组织诞生。

1921年7月，王尽美与邓恩铭代表济南共产党早期组织出席了中国共产党第一次全国代表大会。1922年5月，中共济南独立组成立，王尽美任组长，直属中共中央。

1921年8月，中国共产党成立了中国劳动组合书记部，作为领导工人运动的机关。王尽美兼任山东支部主任。在山东支部的领导下，济南大槐树机车厂（亦称津浦大厂）工会于1922年6月成立，并在党的领导下组织了齐鲁大地的第一次罢工运动。

1922年，王尽美参加了党的二大。党的三大后，根据党的决定，王尽美、邓恩铭等以个人身份加入了国民党，王尽美当选为国民党山东省临时党支部执行委员。1924年，王尽美参加国民党第一次全国代表大会。

1925年8月，年仅27岁的王尽美因病逝世，被安葬在了故乡。1959年，中共山东省委和山东省人民政府将他的遗骨迁到济南英雄山烈士陵园。

1929年至1933年，由于各种复杂的原因，山东党组织屡遭破坏。与党组织被破坏相伴随的，是大批共产党人相继被国民党逮捕入狱。国民党妄图通过严刑拷打和残暴监禁来销蚀共产党人的革命意志，摧毁共产党人的革命信仰。但是，面对敌人的残酷打击，山东共产党人的革命信念从未动摇。

邓恩铭

党的另一位早期创始人邓恩铭，也是共产党人坚守理想信念的典范。1923年，邓恩铭以青岛四方机厂和纱厂为中心，开办夜校宣传马克思主义。他先后创建青岛的党、团组织，任中共直属青岛支部书记、中共青岛市委书记。1925年，他组织发动的青岛胶济铁路工人大罢工和日商纱厂工人大罢工，成为五卅运动的先导。8月，邓恩铭调任中共山东地区委员会书记，领导山东全省的工人运动、农民运动等。11月，中共山东地区委员会机关遭到破坏，邓恩铭被北洋军阀逮捕入狱。这是邓恩铭第一次入狱。后经党组织多方营救，邓恩铭得以保外就医。1929年1月，由于王复元、王用章叛变，邓恩铭在济南再次被捕入狱。1930年，狱中的邓恩铭曾写下一首诗："卅一年华转瞬间，壮志未酬奈何天。不惜惟我身先死，后继频频慰九泉。"1931年4月5日，国民党山东省政府主席韩复榘制造白色恐怖，屠杀了邓恩铭等共产党人。

拥有坚定革命理想信念的，除了王尽美、邓恩铭这样的开拓者，还有千千万万的后来人。胶东特委书记张连珠，在领导"一一·四"暴动时，不幸腿部负伤被俘。面对敌人的软硬兼施，他始终坚贞不屈，最后被敌人残忍杀害，年仅31岁。蒙阴县刘晓浦、刘一梦叔侄俩，才华横溢，积极追求革命真理。在上海读书期间，两人就加入了中国共产党，积极研究和宣传马克思主义。假期回乡时，他们把进步书刊带回家乡，向群众宣传马克思主义，播撒革命火种。被国民党当局逮捕后，面对敌人的威逼利诱、严刑拷打，叔侄俩始终不改革命之志，一起慷慨赴死！就义时，叔叔刘晓浦年仅28岁，侄子刘一梦年仅26岁。临郯县委书记刘之言在苍山暴动中身负重伤，为掩护战友奋力高呼："共产党人在这里！"临刑前，刘之言镇定自若，痛斥国民党残害人民的罪行，壮烈牺牲时年仅29岁。他们的光辉事迹展现了中国共产党人理想和信念的伟大力量。

这一时期，地处中国北方的山东，反动势力的统治相对稳定，党领导的革命事业遭受镇压，面临诸多困境。但是，有着坚定共产主义信念、铁的纪律的山东共产党人，即使在最险恶艰难的环境中，也从未放弃对敌斗争和对中国革命的不懈探索。他们所表现出的一往直前、顽强不屈的斗争精神和对革命的坚定信念，不仅动摇了敌人的统治，也激励了广大群众，为推进革命事业的发展作出了重要贡献。

"理想信念就是共产党人精神上的'钙'，没有理想信念，理想信念不坚定，精神上就会'缺钙'，就会得'软骨病'；坚定理想信念，坚守共产党人精神追求，始终是共产党人安身立命的根本；对马克思主义的信仰，对社会主义和共产主义的信念，是共产党人的政治灵魂，是共产党人经受住任何考验的精神支柱。"理想信念是一种精神追求，最终要通过具体的行动来体现、来衡量。王尽美、邓恩铭等山东党组织的优秀成员，用自己的行动乃至鲜血和生命，诠释了中国共产党人崇高的理想和坚定的信念，构成沂蒙精神的基因和底色。

（二）坚信共产主义真理

革命战争时期，面对日军的疯狂“扫荡”和“蚕食”，面对国民党的重兵“围剿”，山东党政军民始终坚信共产主义真理，始终坚信革命必然取得胜利。他们对信仰的坚守，对真理的呐喊，至今仍回荡在那风雨苍茫的历史长空中。

1920年4月下旬，陈望道在浙江义乌译出了《共产党宣言》的第一个中译本。8月，《共产党宣言》中译本出版。1921年8月，参加完党的一大的王尽美和邓恩铭，把《共产党宣言》带到了济南。回到济南后，他们把书交给济南党组织专司党报发行和保管的张葆臣。张葆臣发现，经常同他一起参加党组织活动的刘雨辉非常热爱学习，于是把这本书传给了刘雨辉。1926年春节，刘雨辉把这本书带回家乡广饶县刘集村，并亲手交给村党支部书记刘良才。

鲁北平原上的刘集村党支部，是山东省乃至全国最早的农村党支部之一。1925年，广饶最早的共产党员刘子久将刘良才发展入党，刘良才在刘集村秘密成立党支部并担任书记。

1928年，刘良才发动了打击地主豪绅的革命斗争。斗争胜利了，刘良才却暴露了。他因此无法继续在当地开展工作。1931年2月，中共山东省委安排刘良才担任潍县中心县委书记。赴潍县前，刘良才反复考虑，决定将《共产党宣言》留在本村党支部。他亲手把这本书交给刘集村党支部委员刘考文。刘考文有时把书藏在粮囤底下，有时封进灶头里，有时又转移到屋顶上。1932年8月，广饶县西邻的博兴县农民暴动被韩复榘镇压。刘考文预判敌人可能要镇压广饶县的共产党员，他认为自己目标太明显，于是找到了同村的党员刘世厚。刘世厚平日里行事低调谨慎，为人忠厚老实，在人群里一点都不显眼。刘考文就把书交给了刘世厚。就这样，这本《共产党宣言》又一次完成了转移。刘考文不久后被捕。因叛徒出卖，刘良才也在潍县英勇就义。此后，刘世厚一直精心保管着这本承载着共产党人鲜血和生命的《共产党宣言》。

1975年在山东广饶发现的1920年8月版《共产党宣言》（书名错印为《共党产宣言》），见证了马克思主义在山东的传播

1975年1月，周恩来在第四届全国人民代表大会第一次会议召开期间见到陈望道，充满期待地问："《共产党宣言》最早的译本找到没有？这是马列老祖宗在我们中国的第一本经典著作，找不到它，是中国共产党人的心病啊！"陈望道遗憾地摇了摇头。就在这一年，广饶县征集革命文物，84岁的刘世厚将保存了40多年的《共产党宣言》上交国家。这正是陈望道翻译的本子。

这就是《共产党宣言》首个中译本在齐鲁大地上经历的独特"旅程"。《共产党宣言》照亮和见证了共产党人的初心，共产党人则用自己的初心守护着它；它塑造了共产党人坚定的理想信念，共产党人则用坚定的理想信念诠释它。齐鲁儿女用生命守护着真理的火炬，为沂蒙精神的创立和发展增添了光辉。

充分体现坚定共产主义和国际主义信仰的，还有著名记者、国际主义战士汉斯·希伯。汉斯·希伯1896年出生于奥匈帝国的克拉科夫，从小就积极参加共产主义运动，后加入德国共产党，他曾三次来中国，支持中国人民的革命事业。他的著作《从广州到上海（1925—1927）》向外国人介绍了大革命，称赞中国共产党是“中国革命和中国的英雄的无产阶级革命的先锋”。全面抗战爆发后，他曾到延安，受到毛泽东、周恩来等的亲切接见。他发表了《中国正越战越强》《中国团结抗战中的八路军和新四军》等论著，向世界阐明了中国共产党及其领导的八路军、新四军在抗日战争中的中流砥柱作用。

1941年9月，恰逢日军对山东抗日根据地进行“扫荡”的严峻时刻，希伯来到山东根据地滨海地区（今临沂市莒南县）了解敌后根据地的抗日情况。他发表了《在日寇占领区的旅行》《八路军在山东》《为恢复山东而斗争》等一系列报道，向世界介绍了敌后抗日根据地，真诚赞美中国共产党领导的八路军和广大人民群众的鱼水关系，指出如果没有中国共产党八路军和新四军在敌后坚持抗战，中国抗战不可能坚持到今天，认为中国的革命是生气勃勃、富有战斗性的，尽管存在暂时的困难，但千千万万贫苦的中国人民必然会取得胜利。

1941年11月初，日军对沂蒙山区进行“铁壁合围”式的大“扫荡”。希伯不畏危险，坚持留在沂蒙。11月30日，希伯所在部队于沂南县与费县交界处的大青山五道沟附近与敌人遭遇，战士们与敌人展开了殊死搏斗，希伯在战斗中不幸中弹牺牲，时年44岁。希伯是抗日战争时期第一个为中华民族捐躯的欧洲人，他“为国际主义奔走欧亚，为抗击日寇血染沂蒙”，2014年被列入民政部公布的第一批著名抗日英烈和英雄群体名录。如今，他的灵柩葬于华东革命烈士陵园。他坚持共产主义真理的国际主义精神，也为沂蒙精神的内涵增添了浓墨重彩的一笔。

（三）革命到底不停步

中国共产党人的初心和使命，就是为中国人民谋幸福、为中华民族谋复兴。在革命、建设和改革的伟大历程中，山东党组织将崇高的责任扛在肩上，谱写了一曲曲勇于担当的凯歌。

卢沟桥事变（七七事变）发生后，日军沿津浦铁路迅速南下，将侵略的铁蹄踏入山东。山东党组织带领齐鲁儿女，将抗击外敌入侵和维护民族独立的历史责任扛在肩上，积极贯彻党的抗日民族统一战线政策，以武装起义为主要形式，与日军进行了艰苦卓绝的斗争。

山东党组织和冀津党组织共同领导了冀鲁边抗日武装起义。鲁北地区与冀南地区接壤，因日军从北而来，鲁北地区首先受到日军的侵略。卢沟桥事变发生后几天，津南地区的进步力量就成立了抗日救国会等组织。1937年秋天，津南、鲁北地区的党组织发动了若干次大大小小的武装起义，又将自己领导的武装力量同其他各路武装起义部队一起整合为华北民众抗日救国军。1937年10月，中共山东省委组建了鲁北特委。鲁北特委同这些武装力量保持了紧密的联系，并且根据党建立抗日民族统一战线的精神，团结国民党抗战力量，在翌年初至5月间，接连发动了数次武装起义，沉重打击了日伪和其他反动势力，在庆云、无棣等地建立了抗日民主政府，最先点燃了山东抗日武装起义的烽火。

山东各级党组织积极贯彻党的统一战线方针，巩固和壮大抗战力量。在山东省委成立鲁北特委的同时，省委也向鲁西特委派出精干力量，发展抗日武装。一个月后，鲁西地区成立了山东省第六区抗日游击第一大队，这是党在鲁西地区的第一支武装力量。同时，党极为重视做好同国民党的统战工作。1936年11月，范筑先调任山东省第六区（聊城地区）行政督察专员、保安司令兼聊城县县长。卢沟桥事变后，为了与范筑先建立良好的统战关系，毛泽东亲笔致信范筑先。范筑先本来就有很强的抗战意愿，在双方的共同努力下，党同范筑先在聊城地区建立了很好的统战关系。范筑先任山东省第六区游击司令。中共在范筑先第六区游击司令部的基础上成立了支队或其他形式的武装力量，到1938年10月，这些武装力量的规模已经发展到万人以上，积极开展了反抗日伪的武装斗争。

在胶东，1937年10月，掖县（今莱州）人张加洛被山东省委派回了老家。张加洛祖籍山东，父母闯关东到了关外。1919年，张加洛出生。1936年夏，张加洛在北平加入中华民族解放先锋队，同年10月加入中国共产党。1937年，张加洛回到掖县担任县委书记，在大力发展党员、组建抗日武装的同时，整顿党组织。根据掖县的地理特点及风土人情，县委在全县建立了几个分区委，以分区委为依托召集抗日武装力量。痛恨日本侵略的掖县人民，在党的号召下团结起来，成立了掖县民众抗敌动员委员会。日军于1938年2月1日侵占掖县，成立了伪政府。3月8日，掖县县委发动民众抗敌动员委员会在玉皇顶起义。翌日便收复了县城，俘虏伪县长和伪保安队200余人。掖县人民的抗日信心和抗日热情大为高涨。

抗战初期，齐鲁大地上的抗敌起义还有很多，其中影响较大的有天福山起义、黑铁山起义、徂徕山起义、鲁东南起义、威海起义、

徂徕山抗日武装起义纪念碑（碑名为徐向前元帅题写）

湖西起义等。其中，徂徕山起义是中共山东省委直接领导的一次武装起义，起义发动于1938年1月1日。当日，参加起义的160余人集合在徂徕山大寺，山东省委书记黎玉代表省委正式宣布起义，成立八路军山东人民抗日游击第四支队。不到一个月时间，队伍发展到400多人。这些起义，既点燃了齐鲁大地抗击日军侵略的烽火，又为党领导人民抗战打下了坚实的基础。这些起义形成的武装力量，成为党在山东建立抗日根据地并最终取得抗战胜利的重要基础。

二、人民军队的使命：为人民谋解放

在革命战争年代，人民子弟兵在齐鲁大地上参加了无数次大大小小的战斗，他们用鲜血和生命诠释了党领导的人民军队的宗旨，始终以为人民服务为己任，同人民站在一起，展现了为人民英勇奋战、奉献牺牲的风采，构成了沂蒙精神的重要内涵。

（一）人民军队为人民

人民军队为了人民群众的利益，面对生死考验，矢志不移，无数次奋不顾身地解救人民于危难之中，保护群众的生命财产安全，誓死捍卫群众的利益。1944年除夕，为救援朱村群众，24名战士英勇牺牲。党的干部武善桐，为了营救村民，把日军引到村外后毅然抱敌跳崖。为了掩护群众突围，在发生于1941年的沂南和尚崮战斗中，八路军山东纵队的两个连只有8名战士幸存，其余164名战士全部壮烈牺牲。1944年8月下旬，日军突然袭击莒南山区，滨海军区六团在团长贺东生的指挥下与20倍以上的敌人展开激战，1000多名群众安全转移，30多名战士献出了宝贵的生命。其中有一个班的战士，在与敌人激战的过程中，誓死不向敌人屈服，打完最后一颗子弹后，全部跳下山崖，献出了宝贵的生命。

从1941年开始，日军采用“铁壁合围”战术，对山东抗日根据地进行大“扫荡”。到1942年，日军进一步变换花招，采用更为残酷的“拉网合围”进行“扫荡”。日军“扫荡”的频率越来越高，范围越来越大，手段也越来越残酷。作为山东抗日根据地中心的沂蒙山区被反复“扫荡”，其他战略区也难以幸免。其中，1942年10月到1943年1月间，日军对胶东、鲁中等根据地的“扫荡”最为残酷。在反击日军“扫荡”的斗争中，八路军坚守为人民而战的使命，用自己的鲜血保卫着根据地人民。

著名抗日英雄群体“马石山十勇士”为保卫人民舍生忘死，谱写了人民军队为人民的壮丽诗篇。1942年11月23日，日军将牟平、海阳、栖霞等县群众数千人，还有部分地方干部、八路军的伤病员以及少数与大部队失去联系的战士“压缩”到马石山周围。正当他们身陷绝境时，被围在“网”内的八路军指战员挺身而出，发起了救援父老乡亲的突围战。其中，八路军胶东军区五旅十三团七连二排六班的10名战士，为了营救被困群众，向相反的方向吸引敌人火力，为群众转移争取了更多的时间。他们且战且退，登上了马石山峰顶。最后，只剩下班长和两名战士，子弹也打光了。敌人冲上来时，3个人紧紧拥抱在一起，拉响了最后一颗手榴弹，血染马石山。他们就是“马石山十勇士”。

人民军队的缔造者毛泽东曾说：“在这个宗旨下面，这个军队具有一往无前的精神，它要压倒一切敌人，而决不被敌人所屈服。不论在任何艰难困苦的场合，只要还有一个人，这个人就要继续战斗下去。”“马石山十勇士”生动地展现了人民军队为人民的崇高宗旨。他们为人民群众舍生忘死，成为比肩“狼牙山五壮士”的抗日英雄。

民国时期，山东匪患严重，鲁南地区土匪成群，土匪抓人抢粮、绑架勒索、图财害命，尤其是土匪刘桂堂势力庞大，到处烧杀抢掠、无恶不作，给人民群众带来巨大灾难，百姓们对其恨之入骨。刘桂堂，绰号刘黑七，曾先后横行中国13省达28年之久，成为闻名全国的惯匪巨奸，先后投靠过国民党、反动军阀以及日本侵略者。为保卫人民群众的生命、财产安全，改善鲁南地区的抗日斗争形势，中共鲁南区党委和八路军鲁南军区下决心剿灭刘桂堂，为民除害。

1943年11月15日，鲁南军区组织12个连队，发起了剿灭伪和平建国军第十军第三师刘桂堂部的战役。刘桂堂部首脑机关驻在鲁南费县东柱子村。当日夜，鲁南军区部队围困东柱子村后，立即发起强攻，击毙刘桂堂，歼灭其师部。16日，鲁南军区部队乘胜扩大战果，又攻克埠下、刘庄等据点。此次战役，共攻克敌据点12处，毙伤伪军700余人、俘400余人，并缴获大批武器弹药。同时，解救被抓妇女、壮丁500余人。击毙刘桂堂，为山东人民，乃至全国人民除了一大祸患，充分体现了人民军队为人民的宗旨情怀。鲁南人民闻悉，家家祝捷，人人称快，大大提高了中国共产党及其军队的威信。

（二）坚决听从党指挥

中国共产党自建立人民军队之日起，就坚持党对军队的绝对领导。习近平总书记指出：“党指挥枪是保持人民军队本质和宗旨的根本保障，这是我们党在血与火的斗争中得出的颠扑不破的真理。”沂蒙革命根据地是抗日战争、解放战争时期党在国内最重要的根据地之一。在革命战争年代，从齐鲁大地走出的人民军队，在党的绝对领导下，为中国革命的胜利作出了重要贡献，丰富了沂蒙精神的基本内涵。

山东的战略位置极其重要，是联结华北、华中的枢纽。全面抗战爆发后，山东党组织积极贯彻中共中央关于全民族抗战的指示精神，主动肩负起领导山东人民进行抗日战争的历史责任。山东省委陆续派出党员干部到各地恢复、重建党组织，领导抗日武装起义，组建了各种各样的抗日武装力量。

在1938年6月以前，这些由抗日武装起义力量组建而来的武装部队称谓不统一。比如，天福山起义组建的队伍叫作“山东人民抗日救国军”；牛头镇起义组建的队伍使用了八路军的番号，叫作“八路军鲁东游击队第八支队”；徂徕山起义组建的队伍叫作“八路军山东人民抗日游击第四支队”；鲁南起义组建的队伍叫作“人民抗日义勇队”；而冀鲁边起义组建的队伍则在统一战线的原则下，使用了国民党的番号“国民革命军敌后别动总队”；鲁西北起义后组建的队伍同样使用了国民党的番号“山东省第六区游击司令部第十支队”。部队不仅番号不统一，而且建制、人数、内设机构也不统一，甚至连领导同志的称谓也不一致，有的叫指挥，有的叫主席，还有的叫司令员。这种状况极大地限制了部队的统一指挥，不利于抗日战争的开展。

为了统一对山东境内各抗日武装的领导，山东党组织向中共中央建议，山东党组织领导的抗日武装统一使用八路军番号。1938年6月6日，毛泽东批复，山东的基干武装组建支队，使用八路军游击队的番号。8日，他再次指示："凡属我党领导，已取得广大群众拥护，又邻近友军之游击队，以八路军名义为宜。"根据中共中央的指示，山东党组织决定撤销山东人民抗日联军独立第一师的番号，恢复八路军山东人民抗日游击队第四支队的番号；山东人民抗日救国军也改为八路军山东人民抗日游击队。这次共组建八路军山东人民抗日游击队5个支队。为了加强党对军队的绝对领导，当时负责山东工作的中共苏鲁豫皖边区省委及其所属特委都建立了军事部，对各部队进行了整顿，加强了党组织建设。

鉴于当时山东境内各游击队基本分散在各根据地各自为战、统一领导存在很大难度的情况，中共中央山东分局从抗战的需要出发，于1938年12月底组建了八路军山东纵队。八路军山东纵队是在中国共产党的领导下成长起来的军事力量，直属中共中央和八路军总部的领导，在思想上、政治上、军事上坚决听从党指挥。

（三）浴血奋战

敢于斗争、敢于胜利，不怕苦、不怕死，是人民军队血性胆魄的生动写照。战争不仅是物质的较量，更是精神的比拼。在革命战争年代，人民军队浴血奋战、不畏生死的英雄壮举，铸就了人民军队的光辉历史，赢得了人民群众的信赖，由此奠定了革命胜利的基础。

大青山战役同样彰显了人民军队淬火历练的斗争精神。1941年11

月，侵华日军调集其第十军团主力和第二十二师团3个混成旅团以及伪军5.3万余人，由侵华日军总司令畑俊六坐镇临沂督战，日军山东管区司令土桥指挥，对山东抗日根据地发动了“铁壁合围”式的大“扫荡”。

1941年11月29日，抗大一分校移驻费东县大青山西侧的胡家庄、大古台一带（今属费县薛庄镇）。当日，第一一五师、山东纵队发起绿云山战斗。为免受损失，中共中央山东分局、山东省战时工作推行委员会、第一一五师、山东纵队等后方机关也相继转移到大青山地区。敌人连夜调集重兵，以一个混成旅团的兵力合围大青山。此时陷入敌人包围圈的人员，大都是非战斗人员，所配武器数量少、质量差。只有抗大一分校第五大队是有武装的学员队。在抗大一分校校长周纯全的指挥下，第五大队首先抢占制高点，以阻击敌人，掩护领导机关和非武装人员突围。突围中，山东省战工会副主任兼秘书长陈明、国际友人汉斯·希伯、第一一五师敌军工作部部长王立人、抗大一分校第二大队政委刘惠东、蒙山支队政委刘涛等壮烈牺牲。

对崮山战斗是1942年11月初在沂蒙山区发生的又一场重要战斗。时值日军疯狂“扫荡”之际，山东省战工会和山东军区等机关近千人被日伪军包围至对崮山附近。战斗于11月2日上午打响，敌人采用炮击方式，并动用了飞机进行轰炸。山东军区等机关突围时，黎玉等命令特务营营长严雨霖率领战士们继续留在崮顶牵制敌人，等机关突围20分钟后再撤离。严雨霖率部坚持20分钟之后，队伍只剩下14人。他们被压迫到崮顶东边的悬崖旁，三面都是敌人，子弹也已经打光。14名勇士飞身跳下悬崖。最终，6人牺牲，8人生还并找到了队伍。

像大青山战斗、对崮山战斗这样的战例还有很多，比如，使滨海区抗日根据地面积扩大7000余平方公里的莒县战役，首创八路军在山东敌后攻克县城的郯城战役，开创了解放战争以来人民解放军一个战役歼敌最多纪录的鲁南战役，歼灭了国民党军“五大主力”之首——整编第七十四师的孟良崮战役，等等。

在革命战士心里，他们不相信有完不成的任务，不相信有克服不了的困难，不相信有战胜不了的敌人。一代又一代革命军人，正是靠着向死而生的英勇决绝，形成了压倒一切敌人而决不被敌人所屈服的伟大气概。前进道路上，我们要从沂蒙精神中汲取勇气和力量，大力弘扬敢打必胜的精神品质，保持革命英雄主义的昂扬斗志，谱写人民军队保家卫国的新篇章。

三、群众的信念：永远跟党走

在革命斗争的实践和自身体验中，人民群众在思想理念上认同了只有共产党才能救中国、只有共产党才真正为人民群众谋利益，就能够自觉地将自身命运融汇到争取民族独立和解放、实现中华民族伟大复兴的历史征程上。

（一）坚定选择共产党

在全面抗战爆发之初，山东境内“敌伪顽我”四种力量并立，中国共产党在山东的力量是非常弱小的。但是，山东抗日根据地人民选择支持中国共产党，积极参军参战支前。

日军侵入山东后，在山东境内烧杀抢掠，荼毒生灵，山东人民遭受了“旷古未有的惨重损失”。当日军大兵压境之时，国民党山东省政府主席兼第三集团军总司令韩复榘，面对日军的暴行，为“求得暂时苟安”和“保全实力”，略作抵抗便率部而逃。与此同时，“各县县长也大都弃职开小差，逃之夭夭”，地方政府土崩瓦解，以致出现了

“抗战无人领导，治安无人维持”的局面，于是“汉奸猖獗，土匪兴起，社会秩序紊乱”。一些土匪和会道门势力趁机而起，“同时压榨民众”，使“民众深切感受痛苦”。韩复榘临阵而逃后，国民党在山东境内尚有正规军于学忠部。1943年9月，于学忠部也撤出山东。这使山东人民对国民党军彻底失去了信心。

在民族危机面前，中国共产党领导山东军民开展了艰苦卓绝的斗争。从1937年下半年开始，在不到一年的时间内，中国共产党组织领导了徂徕山、天福山、黑铁山等十多起抗日武装起义。1938年春，山东省委书记黎玉到延安向党中央汇报工作。毛泽东接见了黎玉，认为山东的“游击战争大可发展”，并对派往山东支援工作的干部指出：我们党的方针，是在山东敌占区开展独立自主的游击战争，创建山东抗日根据地。

山东沦陷后，人民群众遭受来自多方面的剥削和压榨，损失旷古未有，人民生活苦不堪言。在危难面前，中国共产党人挺身而出，号召人民群众加入抗日队伍，创立根据地，开展抗日游击战争，使人民群众有了方向和依靠。人民群众能看到的出路和希望就是中国共产党及其领导下的人民军队。在险恶的环境中，也正是共产党领导的军队进行了不断的斗争，有力地打击了日本侵略者，人民群众才坚定地选择跟着共产党走。

党组织吸引了越来越多的人民群众加入。范明枢是山东著名的爱国民主人士。1945年5月，近80岁的范明枢向中共中央山东分局郑重提出要加入中国共产党，并获得了党中央的批准。在战争年代入党，不仅需要巨大的勇气，更需要有信念的支撑，就是坚信只有共产党才能救中国，只有坚定跟党走才能过上好日子。

红色故事

经典红歌《跟着共产党走》

你是灯塔，照耀着黎明前的海洋；
你是舵手，掌握着航行的方向。
年青的中国共产党，
你就是核心，你就是方向，
我们永远跟着你走，人类一定解放！
我们永远跟着你走，人类一定解放！

1940年6月，为迎接建党19周年和全面抗战3周年，受中共中央山东分局委托，时驻今沂南县孙祖镇东高庄村的抗日军政大学第一分校创作了《跟着共产党走》这首歌。

当时，抗大一分校政治部将任务交给了文工团，文工团又把创作歌曲的任务交给了作曲家王久鸣。王久鸣当即表态说："只要有人把歌词写出来，我就竭尽全力进行创作！"他还爽快地表示："如果有人在10分钟内能写出歌词，那么我10分钟也能把它谱成歌曲。"

听到王久鸣的话后，擅长诗歌创作、刚满20岁的抗大一分校政治部宣传科宣传干事沙洪同样爽快地说："他能在10分钟内谱成曲，我也一定能在10分钟内作完词。"文工团领导听罢，认为这是促进创作、互相学习的好机会，于是用出"激将法"，立即询问王久鸣："敢不敢和沙洪来个比赛？"王久鸣毫不犹豫地一口答应下来："赛就赛，沙洪写词用多长时间，我谱曲就用多长时间。"

于是，两位才华横溢的文艺战士在东高庄村的"小团瓢"

（看护庄稼的窝棚）旁开始了创作。

沙洪没有食言，10分钟内果真完成了创作，把歌词交给了王久鸣。王久鸣看了歌词，经过几分钟的哼唱后，迅速完成了曲谱，时间也正好用了10分钟。

《跟着共产党走》这首歌，在抗大一分校党代会和建党19周年纪念会上正式演出，受到广大师生的欢迎和好评。很快，这首歌就传遍了山东各个根据地，后来又传到了苏皖等根据地，甚至传到了敌占区的许多城市。解放战争中，这首歌也成为广为传唱的革命歌曲之一。1949年10月1日，《跟着共产党走》又唱响在开国大典上。

（二）行动追随共产党

从中国共产党的实际行动中，人民群众看到了翻身的希望，明白了中国共产党的初心和使命是为中国人民谋幸福、为中华民族谋复兴。他们坚决拥护共产党的领导，坚决支持人民军队，义无反顾跟党走。

在艰苦卓绝的战争环境中目睹历史变迁的山东人民，从心底认准了共产党，他们与党和人民军队团结一心，在山东这块饱受外敌蹂躏的土地上，众志成城地同日本侵略者进行了不屈不挠的斗争，支撑起全民族救亡图存的希望，燃起燎原的希望之火。当时的山东根据地普遍发动起群众性的游击战争，村村成立了农救会、妇救会、青救会、儿童团，建立了密集的侦察网和通信网。“村村都是游击队，山山皆有主力军”，“朝阳官庄彭大娘，动参工作做得强，母送子来妻送郎，四儿一女上战场”，这些大家耳熟能详的革命歌谣，是人民群众铁心向党的生动写照，唱出了人民群众对党和人民军队的无限热爱。陈毅对广大人民的支援给予了高度评价：“我就是躺在棺材里也忘不了沂蒙山人。他们用小米供养了革命，用小车把革命推过了长江！”

陈毅担架队（平邑一区担架队）是人民群众坚定不移跟党走的典型代表。平邑一区担架队是解放战争时期山东解放区众多支前队伍中的一支，成立于1946年9月。全队有3个中队、9个分队、354名民工。担架队紧跟主力部队步伐，坚定不移跟党走，参加了鲁南战役、莱芜战役、济南战役、淮海战役等，不避艰险、不怕牺牲，高质量完成救护伤员的支前任务，为解放战争的胜利作出了重要贡献。平邑一区担架队紧跟部队行动，在行军路过家乡时，担架队提出“过家门不入立一功”的口号，全队无一人开小差。鲁南战役时，担架队队员们为了抢时间转运伤员，三天两夜没顾上睡觉，两天只吃了两顿饭。莱芜战役时，担架队随军浴血奋战，胜利完成转运伤病员的任务。此外，担架队还积极参加战斗，勇敢捉拿俘虏215人，在抢运伤员过程中，有49名队员献出了宝贵的生命。鲁南支前司令部政治部曾颁发嘉奖令：“平邑一区担架队，在宿北、鲁南、莱芜等战役中完成了艰巨的任务，创造了辉煌成绩，荣获了‘陈毅担架队’的光荣称号。”平邑一区担架队是山东人民大力支前的典型代表，充分体现了山东人民听党话跟党走的优良作风，是沂蒙精神内涵的生动实践。

支前民工在战争考验和锻炼中进一步认识到党的先进性，在行动上和思想上更坚定了跟党走的决心和信心，广大支前民工积极追求上进，向党员学习，主动向党组织靠拢，积极申请入党。莒南县随军担架队由6000多名民工组成，在从1947年4月至11月随华东野战军第二纵队服务的8个月中，就有700余人入党，有300多人入团，充分体现了党组织的吸引力，更进一步彰显了人民群众对党的信仰和忠诚。

正是在这种强烈群体认知的感召下，山东人民自觉地凝聚在党和人民军队的旗帜下，全心全力，奋勇争先，参军参战，拥军支前，为中国革命事业作出了巨大贡献和重大牺牲，成为推动中国革命取得胜利的重要依靠力量。

研学基地

沂蒙根据地群众工作展馆

沂蒙根据地群众工作展馆位于山东省莒南县大店镇山东省政府旧址和八路军第一一五师司令部旧址院内东部。展馆采用仿古式建筑结构，有唤醒沂蒙、血染沂蒙、政施沂蒙、情动沂蒙和伟哉沂蒙等多个展厅，集中展示中国共产党在沂蒙地区群众工作的主要成就、历史经验与现实启示。根据地广大党员干

沂蒙根据地群众工作展馆

部，在艰苦卓绝的革命战争年代，牢固树立马克思主义群众观，坚持“一切为了群众、一切依靠群众，从群众中来、到群众中去”的群众路线，坚决捍卫群众利益，着力改善民生，实行人民民主，发展文化教育，与人民群众同甘共苦，赢得了沂蒙人民的衷心拥护，为中国革命的胜利奠定了坚实的群众基础。

学习思考

1. 怎样理解“革命理想高于天”？

2. 习近平总书记指出：“党指挥枪是保持人民军队本质和宗旨的根本保障，这是我们党在血与火的斗争中得出的颠扑不破的真理。”请你谈谈对这句话的理解。

3. 人民群众为什么铁心向党？

第三章

人民至上——沂蒙精神的根基

习近平总书记在庆祝中国共产党成立100周年大会上的讲话中指出："江山就是人民、人民就是江山，打江山、守江山，守的是人民的心。中国共产党根基在人民、血脉在人民、力量在人民。"党和人民军队在山东根据地的革命斗争实践中，始终坚持人民的利益高于一切，得到了人民的真正拥护和支持，构建起鱼水情深、血肉相连的党群、军民关系。

一、政治上为人民谋当家

在根据地内，中国共产党通过民主政治建设，保障人民权利，在政治上实现人民当家作主，充分调动了人民的抗日热情。

（一）建立民主政权

1. 初步建立山东根据地民主政权。1939年7月1日，中共中央山东分局发出了《关于恢复县区乡政权之指示》，要求各地创建共产党领导的政权机构。此后，山东各地的政权建设工作取得明显进展。鲁中区先后成立淄川、莱芜等10余个县的抗日民主政府，同时建立和改造了大批区乡政权。鲁西区建立了长清、东平等20余个县的民主政权。胶东区成立蓬黄掖行政联合办事处，统一领导蓬莱、黄县、掖县的抗日民主政权。鲁北区先后建立了陵县、商河、无棣、阳信、禹城、临邑6个县的抗日民主政府。鲁南区建立了邹县、峄县抗日民主政府。清河区相继建立了临淄、长山、益寿临广四边县抗日民主政府。

1940年2月，中共中央山东分局决定设立政府工作部，统一领导山东抗日民主政权，各区行政机构依次为主任公署、专员公署、县政府及区乡政府。中共中央山东分局要求，成立各级政权时，应尽一切可能发动群众，通过民主选举产生政权。

2. 建立全省统一的民意机关和行政机关。1940年7月26日，由山东省各界代表参加的山东省联合大会，在沂南县青驼寺隆重召开。大会历时一个月，通过了《山东省临时参议会组织条例》，成立了山东省临时参议会，选举出范明枢、亓养斋等81名山东省临时参议会议员和26名候补参议员，并推选范明枢为参议长，马保三、刘民生为副参议长。山东省临时参议会的成立，标志着全省有了统一的民意机关，全省抗日群众组织有了统一领导。大会还制定了《山东省战时工作推行委员会组织大纲》，选举成立了全省统一的行政权力机关——山东省战时工作推行委员会（后于1943年8月改称山东省战时行政委员会）。

山东省联合大会会场

会议期间，省临时参议会审议通过了省战工会制定的《山东省战时施政纲领》，发表了《山东省临时参议会成立宣言》，向全省人民庄严宣告了省临时参议会团结全省各界人士、坚持敌后游击战争、巩固山东抗日阵地的奋斗目标和努力方向。

联合大会召开期间，山东省民众总动员委员会，山东省工、农、青、妇、文化各界总会，山东省各界救国联合会总会，分别举行成立大会，讨论并通过各总会纲领、章程，选举各总会主要负责人。会后，山东各地普遍成立工、农、青、妇、文化等抗日群众团体，夯实了抗日民主政权的基础。

3. 山东各地民主政权建设发展迅速。到1940年底，全省已有2个行政主任公署、10个专员公署和79个县政府，管辖的范围达3.6万平方公里，人口有1200余万人。山东省统一抗日民主政权的诞生和各级抗日民主政权的成立具有重大历史意义，促进了中国共产党领导的人民力量的迅猛发展，对支援全国抗日战争发挥了重大作用。

各地民主政权开展建乡实验。解放战争时期，山东解放区的行政区划体制是“战时多层体制”，总的特征是纵向层次分明，基层管理幅度较小，县以下政权一般为县、区、村三级。尽管区在当时不是一级政权，而是县的派出机构，但在基层政权的实际运行中，区又是作为政权中的一个层级而起作用的，因而被视为基层政权中的一级。村组织则实际发挥着一级政权的作用。乡仅是沿袭历史习惯的一级区域建置，一般无法起到一级政权的作用。随着土改运动的深入发展，广大农民在政治上、经济上得到了解放，迫切要求建立新的乡级政权，以保护他们的利益。1947年5月，山东省政府批准日照、莒南两县开展建乡试点。10月15日，华东局出版的《斗争》第三期刊登《区市乡政权组织法》，对市乡政府的管辖范围，市乡代表大会及市乡政府的组织、职权等，作出具体而明确的规定，旨在“改革新发展的旧蒋管区的违反民主原则的保甲制度，改造抗战后的新村长制，进一步的建立新民主主义的人民代表会议的基层政权：市乡民主制度”。1949年7月1日，山东省人民政府发出《一九四九年下半年民政工作纲要》，要求进行建立乡人民代表会议制政权的实验，“在土改完成的地区，一般的要求每县实验一个乡，大致的时间是在十月至十二月中旬内进行，力量的配备是由民政部门集中主要力量，结合群众工作干部，协助当地群众组织、村（乡）干积极分子共同进行”。新中国成立前，山东解放区各地都开展了大规模的群众性建乡运动，为新中国成立后山东乡级政权的正式建立，奠定了坚实的基础。

解放战争时期，山东解放区县及以下政权一般分为县、区、村三级。随着土改运动的深入发展，广大农民在政治上、经济上得到了解放，迫切要求建立新的乡级政权。

1947年5月29日，山东省政府批准在滨海区的日照、莒南两个县试行划分区乡试点。每个乡辖村庄15个左右，每个区辖8个乡，区公所设区长、副区长和民政、文教、生产、财政、粮食助理及文书、公安员各1人。12月28日，中共华东中央局发出《关于划乡问题的指示》，要求除边沿区外普遍开展划乡，选举5人至9人组成临时乡政府行政委员会，全乡编制只允许2人到4人脱离生产，主持全乡党政军民日常工作。

此后，山东解放区各地普遍开展划乡和建立乡级政权工作，清除农村中的封建地主和宗族势力，使农民真正成为政权的主人。至解放战争胜利前，山东解放区各地都开展了大规模的群众性建政运动，为新中国成立后山东农村政权的正式建立奠定了坚实的基础。

（二）出台民主制度

1. 颁布《山东省战时施政纲领》。为加强对山东抗日根据地各项建设的指导，1940年9月，山东省战工会颁布了经山东省临时参议会审议通过的《山东省战时施政纲领》（以下简称《纲领》）。《纲领》对山东抗日根据地的政治、军事、财政经济、文化教育等方针政策作了原则性的规定，成为山东省战工会指导全省抗战、进行根据地建设的总章程。

《纲领》提出的主要内容包括三个方面。第一，全面实施民主政治方面。一是使一切赞成抗战、赞成民主者，不分党派、性别、信仰、种族、财产、文化程度，都能参加民主政治，行使选举、罢免、创制、复决等四权；二是村以上各级政权一律民选；三是成立各级参议会等民意机关；四是整饬司法，保障人民一切抗日言论、出版、集会、结社、武装的完全自由。

第二，群众工作方面。要积极发动人民群众，普遍组织各种抗战救国组织。其主要内容：一是提高工农群众的社会政治地位和文化水平，大量培养和提拔工农干部；二是提高妇女的社会、政治、经济地位，发动妇女参战、参政及参加各种社会活动；三是提高青年的社会地位，增加青年的学习机会，动员广大青年参加抗战救国的各种工作。

第三，财政经济、民生、文化教育、武装斗争方面。要努力加强战时财政经济建设，充裕抗战经费，发展国民经济，实行自力更生；实行民生主义，改善人民生活；发展文化事业，培养专门人才，发扬民众的抗战精神，粉碎敌人的奴化教育；广泛武装民众，开展群众性游击战争。

2. 实施十项建设运动。1941年7月4日，中共中央山东分局发出《抗战第五年的山东十项建设运动》的指示，提出建设真正进步民主的抗日政权。其基本要求是：

第一，实行自下而上的民主选举，特别是健全区村选举运动，健全区村政权工作。选举时进行深入的政治动员，提出施政报告与讨论提案，要有80%以上的选民参加选举。候选人名单要经选民详细讨论，候选人自己或提候选人的人民或团体应作竞选报告。同时，候选名单与选举结果要符合真正的“三三制”原则。第二，实行民主集中制，各级行政委员会要定期开会，计划、检讨与总结工作，定期向选民作施政报告。第三，各级参议会要定期开会，行使职权。第四，充实政府各部门组织，大量培养干部，提高工作能力，做到所有新干部能定期轮流受训。第五，对行政区内的土地、人口进行清查登记，落实省战工会关于划小行政区的决定。

知识广角

中共中央山东分局有关群众工作的指示

1941年10月11日，中共中央山东分局给各级党委指示，“群众工作是建设根据地一切工作的出发点”，提出建立分局群众工作委员会，负责领导全省的群众运动。要求健全并加强党的各级群众工作委员会，群众工作委员会处理重大原则问题时，应请党委主要负责人参加，或提交党委会讨论解决。要稳定群众工作干部队伍，今后任何机关不经群众组织系统滥行抽调群众工作干部，均应受到党的严厉批评。

（三）加强民主实践

1. 加强“三三制”政权建设。1941年7月1日，中共中央山东分局作出《紧急动员起来为建设坚持巩固的山东民主抗日根据地而斗争》的指示，要求各级政权和参议会均应实行民主选举，切实贯彻“三三制”原则。“三三制”，即在政权人员比例上，共产党员、中间分子以及非党员中的左派进步分子各占三分之一，这不仅体现了党的民主政治，还具体运用了抗日民族统一战线政策。政策一经推出，就得到了山东根据地群众的欢迎。1942年5月，山东省战工会主任黎玉发出号召，“三三制”的实行要不打折扣。党外人士应当大胆提出意见，施展自己的抱负；党内同志应尊重与征求党外人士的意见；党政方面应尊重群众团体的独立性，发挥群众的积极性，时刻依靠工农群众，团结一切中间力量，透彻地研究与执行“三三制”，并贯彻党的领导。

2. 加强农村基层民主选举和改造农村基层政权。1941年10月，省战工会颁布村行政组织条例与工作的新规定，决定成立以村为政权的基层组织，改造村政权。1943年后，随着减租减息运动的深入，村政权民主改造被提上重要日程。改造村政权的主要目的是开展农村统战工作，建立抗战的核心，树立基本群众的优势。改造过程中，省战工会提出了“走一村做一村”的口号，即每到一个村庄都要做群众工作，不能浮在上边。在村政权民主改造后，还要注意提高村级干部的素质。通过改造，在基本群众的主导下，村政工作的质量和效率提高了，村民坚持斗争的信心增强了。

3. 开展民主文化运动。为提高人民群众的民主文化素质和意识，1943年8月，中共中央山东分局作出《关于执行〈五年工作总结及今后任务〉指示之决定》，要求大力倡导密切联系群众的民主思想观念，反对官僚主义。民主文化运动就是要使人民群众意识到，村政权要摆脱封建势力的控制，在不违背“三三制”原则的前提下，真正掌握在人民群众手中。人民群众可以自觉地监督各级政府工作人员。为提高群众的民主文化水平，根据地加强了民主文化教育工作。经过教育和学习，群众的民主意识、民主管理能力都有所提高。在各级民主政府的号召和大力倡导下，民主文化运动取得了很大成绩。

（四）保障人民权益

1. 厉行锄奸政策。1941年7月，中共中央山东分局发出《抗战第五年的山东十项建设运动》的指示，提出要厉行锄奸、保护人民。其主要内容有：

第一，健全各级锄奸机关，组织深入反奸细斗争动员及教育，保证锄奸政策的正确执行。第二，采取各种方式来检查、督促，以保障政府施政纲领与法令政令政策的施行，与一切违反政策法令的行为作斗争，并执行法令制裁。第三，切实根据政府法令，保障人权自由和人民的一切民主权利。第四，争取无业游民与会门群众参加抗战，纠正单纯的打击办法。第五，建立检查制度与司法机关，保证法令的执行，保障人民的权利。

2. 改进司法工作。山东省临时参议会于1941年4月先后通过《改进司法工作纲要》《县司法处暂行组织条例》等司法条规，对全省的司法工作作出了明确规定。比如，《改进司法工作纲要》提出，为适应敌后环境，完成三级三审，便于群众诉讼，在县一级设立司法处，为民刑诉讼第一审机关；专署一级设地方法院，为民刑诉讼第二审机关；全省在高等法院未正式成立前，暂设高级审判处，为民刑诉讼第三审机关。为便利全省各地诉讼，各公署设高级审判处分处，代行高级审判处的职责。此外，为了保障穷苦百姓能够诉讼，《改进司法工作纲要》还规定诉讼费、状纸费、声请费、送达费、抄录费等暂时一律免收。这些司法条规的制定与实施，贯彻了中国共产党依法施政的方针，保障了根据地人民群众的民主权利，得到他们的热烈拥护。

3. 开展拥政爱民活动。1943年2月23日，山东省临时参议会、山东省战工会公布《关于拥护抗日军队的决定》，山东军区、八路军第一一五师随后公布《关于拥政爱民的决定》。此后，“双拥”活动在各地蓬勃开展，形成了军爱民、民拥军、军政军民空前团结的局面。1943年春，滨海军区部队开展了拥政爱民突击月活动。两个月内，为群众挑水35万担，推粪12万车，为群众挖粪汪、拉犁、推磨、干农活多得无法统计。无论是机关单位还是学校军队，都积极参与到农业生产当中，兴修水利，耕种土地，不断改善根据地人民群众的生活，让群众得到实实在在的利益。

4. 保障妇女儿童权益。随着民主革命的深入和人们思想的解放，广大妇女提出了反对买卖婚姻、保障婚姻自由的要求。1943年，《山东省战时施政纲领》中制定了男女平等、婚姻自由及一夫一妻制原则。抗日战争后期，山东省战时行政委员会在抗日根据地制定了有关妇女解放、保护妇女儿童的权益、女干部及婴儿保健、优待抗日军人家属、女子继承权、妇女放足、禁止包办婚姻等方面的政令、法令、规定、暂行规定等，共11件。其中，1945年3月，山东省战时行政委员会制定并公布实施的《山东省婚姻暂行条例》是山东抗日根据地第一部正规的有关婚姻方面的地方法令。从此，山东解放区妇女的婚姻自主权有了制度上的保障。

二、经济上为人民谋翻身

革命战争时期，党和人民政权重视经济建设，在经济上为人民谋翻身，进行了减租减息增资运动与土地改革，开展了大生产运动、生产救灾运动，采取了一系列措施减轻人民负担，发展根据地经济。

（一）开展减租减息增资运动与土地改革

1. 开展减租减息增资运动。抗战全面爆发后，为了实现联合抗日，组成民族统一战线，团结一切可以团结的力量，中国共产党改变了以往的土地政策，从没收地主土地到减租减息，调动更广泛的力量参与到抗日救国的战争中。

1938年至1940年间，山东根据地在群众基础好的地方开展了“减租减息、借粮反霸”斗争。1940年11月，山东省临时参议会通过了全省第一个《减租减息暂行条例》，少数地区初步实行了减租减息。

从1942年开始，随着《中共中央山东分局为保证实现关于减租减息改善雇工待遇开展群众运动的决定给各级党委及组织部的工作指示》《山东省借贷暂行条例》等制度、条例的相继推出，减租减息增资运动在山东抗日根据地如火如荼地开展起来。1943年10月10日，中共中央山东分局又作出指示，要求各级领导机关迅速掀起“查减”和减租减息运动的高潮。到1944年下半年，山东根据地进行减租减息的村庄共计1.47万个，占根据地全部村庄的63%。

减租减息后，群众生活大为改善，负担大为减轻。以高粱为例，“双减”后，根据地平均每亩交租11斤，国统区平均每亩交84斤，敌占区平均每亩交100斤以上。减租减息政策的彻底实行，让群众得到了实

农民拥护民主政府的土地政策

实在在的经济利益，加深了群众对共产党、八路军的感情，凡是实行减租减息的地区都出现了群众工作活跃的局面。1943年8月，中共中央山东分局在《五年工作总结及今后任务》中指出，凡是重新认真发动的地区，群众就比较活跃，如参战、拥军、归队、缉私、防匪、备战等，均能获得群众的热心参加及帮助；抗战斗争比较坚持了，如政治情绪、胜利信心均较前有所提高，悲观失望情绪较少；生产热忱调动起来了，如纺纱、织布、互助耕种、开荒、市场活跃等，均有了新气象。

2. 推行土地改革。抗战胜利后，广大农民迫切要求获得属于自己的土地。为此，中共中央抓住有利时机开展土地改革。山东解放区的土地改革从1946年6月开始到1949年结束，经历了初步土改、复查、结束三个阶段，取得了显著成绩。

1946年5月4日，中共中央发布《关于土地问题的指示》，决定将减租减息政策改为没收地主土地分配给农民。9月1日，中共华东中央局发出了《关于彻底实行土地改革的指示》，土改工作在老解放区迅速得到落实。10月25日，山东省政府根据该指示精神制定了《山东省土地改革暂行条例》。

影像推荐

电影《平鹰坟》

电影《平鹰坟》由上海电影制片厂出品，于1978年上映。影片讲述的主要内容是：1937年，山东虎岭镇石匠吕镇山的儿子吕明松打死恶霸地主张万庆父子家里的恶鹰，吕明松遭暗害，却被诬陷逃跑。吕镇山被迫为死鹰披麻戴孝，捧牌位出鹰殡，筑鹰坟，树鹰碑，家里的地也被地主霸占。吕镇山家破人亡，被迫出逃。十年后，已是共产党员的吕镇山回到村中，发动群众推倒鹰碑，揭开鹰坟中张万庆父子作恶的秘密，粉碎了他们的反动阴谋。

轰轰烈烈的土地改革运动，使山东解放区2000万无地或少地的农民获得了近3000万亩土地。广大农民在共产党的领导下，从根本上废除了封建土地制度，从而实现了“耕者有其田，居者有其屋”，翻身当家做了主人。在新收复区，首先清剿散匪，建立政权，再进行减租减息、反奸诉苦，然后进行土地改革。这类地区的土地改革及其他地区遗留问题的解决，是在新中国成立以后完成的。

（二）开展生产运动

1. 开展大生产运动。1942年，日军的“扫荡”使根据地面临着极为严峻的形势，党中央号召各根据地自力更生，克服困难，开展生产自救运动。1943年冬到1945年，中共中央山东分局、山东省战时行政委员会为推动大生产运动颁布了一系列政策、法令，采取了一系列措施。

1942年，山东根据地发出了“发展农业、手工业，开展贸易，稳

大生产运动

定金融，厉行节约，建设自给自足经济”的号召。1944年1月22日，山东省战时行政委员会和山东军区联合发出关于生产节约的训令。联合训令的发布，推动了各地大生产运动的开展。1945年3月3日，山东省战时行政委员会发布《关于开展大生产运动的指示》。

大生产运动中，山东根据地还实行了一些切实有效的政策措施。第一，鼓励开荒、植树。第二，兴办水利，组织掘井、开渠，利用河流筑堤、修闸，采用水车增加灌溉，提高农业产量。第三，提倡农民家庭副业生产，增加家庭收入；改进生产技术和耕作方法，提倡浸种、选种，免除虫害，实行精耕细作；奖励劳动英雄，奖励对农业技术作出了发明贡献的人员。第四，加强领导，及早布置，深入动员，认真发动群众，普遍组织劳动互助，调剂人力、畜力，筹拨农业贷款。通过大生产运动，广大机关干部和部队官兵增强了劳动观念和群众观念，密切了党群、干群关系，增强了军民鱼水深情，

红色故事

民选县长为人民

王东年是莒南县第一位民选县长。1941年他任县长后，生活依然朴素，被人们尊称为“庄户县长”。据《莒南县志》记载，1942年至1944年，莒南连续3年大旱，旱灾和蝗灾引发了严重的饥荒。面对面黄肌瘦、衣衫褴褛的难民，王东年忧心如焚，寝食难安，就提笔给家里写了一封信。信的大意是：父亲、母亲，我们这里闹饥荒了，乡亲们日子过得很苦，没有吃的、没有穿的，连树皮都吃光了，有些人都饿死了、病死了。我知道，家里也没有多余的资产，咱还是把祖林里那些大柏树卖了吧，用这些钱能救活好多的孩子和老人。父亲、母亲，我从小受你们的言传身教，是你们让我明白了识大体、晓大义的道理。我知道，卖祖林大逆不道，是咱们家族的耻辱。但自古忠孝两难全，儿子只能愧对列祖列宗，但不能愧对我的父老乡亲啊！几天后，家中送来了两百块大洋，他用这笔钱救助了很多群众的性命。许多群众感动地说：“古往今来，有谁为了咱们穷人舍得卖掉祖坟的林产，只有共产党才能这样做，只有共产党才是咱们的亲人啊。”

同时极大地减轻了群众负担。

2. 开展生产救灾。1947年冬至1948年春，山东解放区出现了严重的灾荒，广大群众的生活十分艰苦，尤以鲁中区最严重。针对山东解放区出现的严重灾荒，中共华东中央局在实施“精简编制”、调整“供给标准”、“清理资财”三大方案克服财政困难的同时，决定把春耕生产和救灾作为全党的中心工作，要求各级党组织和政府积极参加生产救灾运动，提出“不饿死一个人，不荒掉一亩地”的救灾口号，要求各级政府帮助当地农民群众解决生产备荒中的具体问题。

山东省政府先后颁布了《八项禁令》和《关于生产节约度春荒的十项要求》，中共华东中央局发出《关于春耕生产和救灾工作的指示》。生产救灾运动积极开展起来。生产救灾的方针是：以生产为主，结合救灾；以群众自救、社会互济为主，辅之以公家协助；以恢复和发展生产来克服灾荒，防止单纯救济与只向政府要救济的偏向。

同时，各地党组织和政府采取以下措施加强对生产救灾运动的领导。第一，按照自愿合理的原则组织劳动互助组织，动员全体劳力参加生产救灾。第二，发放救济粮款，实行以工代赈，组织党政军干部帮助群众恢复、发展生产。第三，发放农业贷款，解决人民群众生产资料缺乏的问题。

在党和政府的领导下，山东解放区军民经过艰苦奋斗，终于战胜了1947年冬至1948年春的大灾荒，农业生产得到恢复和发展。

（三）减轻人民负担

1. 实行精兵简政。进入1941年以后，根据地出现了严重的经济困难。“精兵简政”是为减轻群众负担、改善艰难财政状况而实行的一项重要政策。1941年12月，中共中央发出了《关于太平洋战争爆发后敌后抗日根据地工作的指示》，要求各地“精兵简政”“节省民力”。中共中央发出指示之后，1942年春，山东抗日根据地进行了第一次精兵简政，以紧缩编制为中心，自上而下地逐步进行，精简的对象主要是重叠的机关人员、勤杂人员、部队中的老弱病残等。9月，中共中央山东分局又作出《关于贯彻精兵简政的决定》，进行第二次精兵简政，坚决执行中共中央提出的党政军民脱产人员数量不得超过根据地

八路军某部精兵简政工作验收后全体人员合影

总人口3%的决定。1943年3月，在实现根据地党的一元化领导的同时，山东抗日根据地又进行了第三次精兵简政，这次是为了解决以主力部队地方化为重点的统一军事领导问题。三次精兵简政取得了很大成绩，前后共精简了3万多人，精简后脱产人员总数约占基本区人口的2.4%。山东抗日根据地通过精简，紧缩了机关，充实了基层和连队，减轻了人民负担。

2. 整理村镇财政。全面抗战初期，由于各级民主政府尚未全部建立起来，村镇财政工作未得到足够的重视，各地村镇财政收支紊乱，人民负担偏重，存在个别贪污浪费的现象。1942年5月30日，省战工会作出《关于统一村镇财政及人民负担的决定》，发出《关于配合减租减息整理村镇财政工作的指示》。7月1日，中共中央山东分局作出《关于整理村镇财政的决定》。整理村镇财政工作在各地相继展开。整理的方法是，首先调查统计各村镇过去的财政收支情况，在此基础上发动群众进行清算工作。整理的目的主要是减轻人民的负担，统一村镇财政。通过整理，各地解决了大量的贪污、浪费问题，有效减轻了人民负担。

3. 改进征粮办法。全面抗战初期，救国公粮的征收采取的是动员劝募的方式。省战工会于1940年11月颁布了甲、乙、丙3种公平负担办法。甲种按每户的负担能力征收，乙种以每人的平均地亩为标准征收，丙种以人均收入累进征收。这比募捐和摊派制度有了很大改进。1941年5月5日，省战工会作出《关于粮食与征收救国公粮的决议》，决定自当年麦收后统一征收救国公粮。实施统一征收公粮制度，标志着山东抗日根据地的财经工作开始走向制度化。1942年8月16日，省战工会作出《关于修正征粮办法的决定》，废止甲、乙两种公平负担办法，在乙种公平负担办法的基础上，提出了新的办法（简称"征粮新办法"）。"征粮新办法"规定，征收救国公粮的基本原则是根据每户每年的收获，按累进比例征收。它既照顾到贫农、中农的利益，也照顾到地主、富农的利益，确定了征收的最高额，使地主、富农在减租减息增资后负担减轻，生活有保障，与中共中央提出的土地政策是相符合的。1943年5月，中共中央山东分局又发出《关于征收救国公粮的指示》，使征粮举措渐趋公平合理。这样一来，就解除了农民怕水涨船高增加负担而不愿精耕细作、增产增收的后顾之忧，进一步调整了农村的统战关系，推动了生产的发展。

4. 成立生产推进社。抗战胜利后，临沂县民主政府投入55万元创办生产推进社，扶持群众发展家庭纺织手工业，推进棉毛纺织生产，以改善群众的生产生活条件。1945年10月29日，临沂生产推进社正式开始营业，成为山东解放区最早成立的县级生产推进社。推进社成立后，帮助群众解决供销困难，将棉花发放给纺妇，及时发放工资。随着广大群众的积极参与，推进社的业务范围逐渐扩展到纺羊毛羊绒，打手套、袜子，组织以线换布，发展织布业，并由开始的城区四关发展到城外几十个合作社的纺织户。推进社的创办，不仅有力地解决了城市贫民生活难题，而且使民主政府获得了发展城市生产并以城市帮助城郊农村生产的重要经验。

（四）发展根据地经济

1. 成立经济管理机构。为克服经济困难，坚持抗战，根据地党政机关先后办起了各自独立的工商业。1940年8月，省战工会成立后，下设财经组。同年12月，省战工会成立各级贸易局，领导根据地的财政经济工作，并负责管理工商业。

1943年9月，中共中央山东分局发出《关于设立工商管理局加强对敌经济斗争工作的指示》，决定建立统一的领导机关——工商管理局，由薛暮桥主持工作。1944年下半年，成立省工商管理局，石英任局长，薛暮桥任监委。1945年8月，山东省战时行政委员会工商管理处改组为省政府实业厅，薛暮桥任厅长。1948年，山东省工商管理总局改为华东财办工商部；1949年3月，又改为山东省人民政府工商部。这种组织机构基本上一直延续到解放战争结束。

2. 保护和发展工商业。山东省工商管理总局在“发展生产、繁荣经济、公私兼营、劳资两利”总方针的指导下，执行了保护与发展工商业的政策。一是发展公有工商业。山东抗日根据地开办了金矿、煤矿、丝厂、日用品工厂、烟厂、陶厂等公营企业，建立了事业所和公营商店。二是规范工商业的登记和管理。根据地要求商户凭证营业，大力推进商标注册，加强对商人的组织和教育，从而有效促进了工商业的发展。三是扶持私营经济发展。1942年4月，中共中央山东分局财委会在《关于今后财经工作的指示》中要求，军队经营的商店，要严格在政府的统一指导和管理下进行。1946年，中共华东中央局要求严禁机关部队从事商业活动，不得与商人争利。四是开展集市贸易管理。根据地合并或解散易受敌伪压榨和奸商操纵的集市，成立了交易所平抑物价，加强度量衡管理，促进了根据地集贸市场的发展。

3. 调整税收政策。为进一步做好贸易工作，山东抗日根据地工商部门对税收政策进行了调整。1943年，税收占财政收入的33.19%。在税率的规定上，一般是军需品入口免征，禁止出口；通用品入口税征8%至20%，出口税征5%至10%；非必需品入口税征5%至50%（丝织品），出口税征5%至10%（猪肠、麻）；奢侈品入口税征20%至100%（化妆品、迷信品、海味），出口税征5%至50%（金、银、宝石）。随着根据地商品贸易的发展，有些税收规定已难以适应当时形势的发展。工商管理局成立后，从具体情况出发，对进出口税作了必要调整。对那些军民必需的重要物资，如粮食、棉花等，出口征重税；不能自给或仅能自给的禁止出口；自给有余的，实行专卖或征收机动性的出口税，以争取高价输出。进口则免征或轻征。对布匹、肥皂等工业产品，如已能自给，可禁止进口或课以重税，以保护根据地的生产；如不能全部自给，则按市场需求决定税率的高低。总之，税则不是一成不变的，税率变得更富有弹性，不规定得过死，而是根据便民利民的原则和不同地区、不同情况来灵活掌握。贸易搞活了，税收也随之增加。1944年，全省各地税收超过1.5亿元。由于统制重要输出物资，实行灵活机动的进出口税收政策，以及在边沿地区加强缉私，山东抗日根据地在对外贸易上处于极为有利的地位。

三、文化上为人民谋进步

山东根据地民主政权建立后，各级党组织和民主政府努力在广大农村扫盲，普及文化教育。其主要形式有：发展学校教育，规划全省教育，建立正规中小学；兴办社会教育，广泛组织夜校、冬学、“庄户学”、识字班、读报班等；发展文化事业，成立文艺协会和剧团，重视文艺宣传等。山东根据地呈现“村村办学，户户读书，抗日救国，人人争先”的新气象。

（一）发展学校教育

1. 颁布实行《山东省战时国民教育实施方案》。山东省临时参议会和山东省战工会在行使职权的过程中，发布了大量规范根据地文化教育事业的法规、政令。1940年12月，《山东省战时国民教育实施方案》正式颁布实行。该方案是推动山东根据地文教事业发展的纲领性教育法规，分8个部分，对教育方针、实施原则、教育内容、师资、经费、教育行政等方面均作出了详细规定。《山东省战时国民教育实施方案》的颁布，标志着山东根据地的教育由自发、分散地兴起向有组织、有规范的方向发展。

2. 创建各类学校。根据地重视发展小学教育，先后建立了抗日小学、抗日游击高级小学、抗属小学、实验小学、抗日“两面小学”、“庄户学”、保育小学等多种类型的小学。1939年至1941年，山东全省建立小学1万余所，吸收了40余万名儿童入学，动员小学教师1.3万人。根据地还重视发展普通中等教育，包括普通中学和师范学校，兼有干校和“继续教育”双重任务。同时，设立干部学校进行干部教育，主要有抗大一分校、抗大一分校第二支校、抗大一分校第三支校（胶东支校）、山东公学、胶东公学、山东抗战建国学校、胶东建国学校等，以提高业务教育为中心任务，加强在职干部的教育工作。

3. 召开第一次教育会议。1941年4月28日至6月18日，省战工会在莒南县召开全省文教财经代表大会（也称全省第一次教育会议）。全体与会代表80余人，连同根据地党政军机关团体来宾共200余人参加了大会。这次大会的主要成果有：提高了全省各地对文教工作重要性的认识，纠正了部分地区和单位不重视文教工作的倾向；促进了全省各地文教工作的交流与学习；总结了过去几年的工作，制定了今后工作的方针、任务。这次大会是抗战以来山东根据地文教战线上一次影响空前的大会，对全省文教工作的顺利开展产生了积极的推动作用。

4. 创办解放区山东大学、华东大学等。1945年8月22日，山东省政府委员会第一次全体会议决定在临沂建立山东大学（以下称“临沂山东大学”），任命李澄之为校长，田佩之为副校长，仲焕章为教育长，并决定将校址选在原美国耶稣教长老会于清末创办的临沂经文中学堂。临沂山东大学于10月开始招生，首批学生有638人。1946年1月5日，学校举行了开学典礼。同年4月，华中建设大学全体教职员工及学生数百人并入临沂山东大学。合并后，临沂山东大学设政治、经济、文艺、教育等系。1946年6月下旬，国民党军队向解放区发动全面进攻，全面内战爆发，临沂山东大学师生随即疏散于临沂城南、城东农村。1948年夏，中共华东中央局决定，以原临沂山东大学渤海地区的部分留守人员为基础，集中原来的一些教师，会同华中建设大学的部分干部、教师，在潍县组建成立华东大学，同年9月4日开学。济南解放后，华东大学于11月迁入济南，成立文学、社会科学、教育3个学院和1个研究部。1950年全国教育工作会议后，学校调整为政治、文学、史地、艺术、俄文5个系，转入正规化的业务学习。学校于1950年冬奉命迁至青岛，1951年在青岛与山东大学合校。华中建设大学、临沂山东大学和华东大学，都是短期训练班式的政治大学，在战火纷飞的年代，为国家培养了近万名干部，为革命战争和建设作出了积极的贡献。

5. 颁布实行《山东省恢复整顿教育工作（草案）》。1948年9月，山东省政府召开第三次全省教育会议，确定教育工作的方针为“新民主主义的，即无产阶级领导的、人民大众的、民族的、科学的新教育”，并颁行《山东省恢复整顿教育工作（草案）》。该草案对教育的恢复工作作了具体要求：重视中等教育的恢复；重视师范教育，以培养高级小学教员为主要任务；在条件（教员、经费、学生、人民生活）许可的情况下，尽可能恢复小学与民校教育；有重点、有步骤、有计划地恢复初小；老解放区有重点地恢复青年学习，试行建立较正规的民校；加强新收复区和新解放区教师的教育改造。根据这一指示，山东省政府积极恢复和整顿了大中小学各级学校。全省各地教育工作的恢复和发展，不但为解放战争的胜利作出了贡献，而且为新中国的成立和社会主义革命、建设储备了大批人才。

（二）兴办社会教育

抗战进入相持阶段后，山东抗日根据地各级民主政府开始把工作重心转移到组织和动员民众上来。1940年，省战工会颁布了《山东省战时国民教育实施方案》等一系列文件，开始把民众教育纳入国民教育的范畴，根据成人教育的特点，确定冬学、民校、识字班、读报小组、壁报、识字牌、大众书报、农村剧团、俱乐部为开展民众教育的方式。

1. 开展冬学运动。冬学运动指利用冬季的农闲时间，义务教授识字不满1000个、年龄在15—45岁（妇女不超过35岁）的根据地群众学习文化知识的活动。

从1940年冬天开始，山东抗日根据地普遍开始组织冬学运动。冬学带有突击性的特点，利用3个多月的冬闲时间进行，设“识字”和“抗战道理”两种课程。冬学的教师一般是经过一定培训的小学教员、民运工作队员、群众团体的干部和思想进步的私塾先生，凡是能够动员起来的知识人士，都让他们参加冬学的教学工作。冬学的办学形式灵活多样，因时、因地、因人制宜。农民白天忙，就组织他们上夜校；妇女中午有空，就办午校。有些地方在村头、路口设有识字牌、文化岗，交由站岗放哨的儿童团考问过路人，答对了就放行，答不对则由站岗儿童教会后再放行。1941年，由于敌人对山东各抗日根据地连续多次进行残酷“扫荡”，群众教育遭到严重破坏。尽管这样，各抗日根据地的冬学运动还是在艰难中不断发展，并形成了一定的规模。斗争紧张时，集体教学有困难，就分别成立青年、妇女识字小组，分散学习。同时，还设置了墙报、黑板报，成立了读报组，既学政治又识字。全省各地创造了识字组、读报组、青年学习室、儿童活跃室以及秧歌队、剧团、俱乐部、宣传棚等多种形式，开展抗战教育。

群众冬学运动的广泛开展，提高了广大劳动人民的政治认识和阶级觉悟，鼓舞了抗日热情，对开展对敌斗争和发展生产起到了巨大的推动作用。

2. 组织识字班。在旧社会，受“男尊女卑”等封建思想的影响，农村女孩几乎没有上学的机会。根据地建立后，各级党组织和抗日民主政府动员适龄女孩上学。1940年，山东省妇救会总会号召各地文化教育部门向妇女普及文化教育，兴办面向女性的识字班、小学等。根据地的识字班如雨后春笋般涌现出来。广大妇女纷纷走进识字班，并参与到文化活动当中。由于参加“识字班”的主要以年轻女性为主，因而“识字班”后来成为年轻未婚女性的代名词。在识字班，姑娘们不仅学到了文化知识，也学到了革命道理，大大提高了思想意识，成为党组织和妇救会的得力助手，在拥军支前、生产劳动等各项工作中发挥了重大作用。

根据地妇女在识字班上课

（三）发展文化事业

1. 成立山东省文化界救亡协会。1940年3月至4月间，中共中央山东分局提出统一领导和组织山东文化运动的问题。8月6日，山东省文化界救亡协会成立大会举行。8月11日，山东省文协执委会召开第一次会议，选出常委9人，公推李竹如为主任，杨希文为副主任。8月16日，杨希文在山东省各界人民代表大会上作了《亟待开展的山东新文化运动》的总结报告。报告总结了抗战以来山东的文化运动和山东抗日根据地的文化工作，提出了山东文化工作的5项任务：加紧对敌伪的宣传，展开两条政治路线的斗争，扩大讨汪除奸运动，开展文化界的统一战线，为开展战地新文化的建设而奋斗。9月1日，会议讨论通过了《山东省文化界救亡协会组织总章》和《山东省文化界救亡协会工作纲领》。

山东省文化界救亡协会是统战的群众性文化团体。它的成立，团结了山东各党派、各阶层的文化工作者，标志着山东省文化界在民族解放的旗帜下，结成了广泛的统一战线。协会成立后，积极开展了一系列促进山东根据地文化发展的工作，尤其是推动了胶东、鲁南、清河等地区文化界救亡协会以及全省性质的各专业协会的建立和发展。在文化界救亡协会的大力推动下，山东抗日根据地的文化工作逐步走出低谷，文化队伍也逐渐恢复和壮大起来，山东抗日根据地的文化建设一步步走向成熟和繁荣。

2. 开展文化宣传工作。在普及教育的同时，山东抗日根据地也加强了文化和文艺宣传。其中，创办报刊和文艺舞台是文化宣传阵地的重要形式。

为了广泛宣传中国共产党的抗日主张和政策，动员并组织人民群众积极抗日，中共苏鲁豫皖边区省委于1938年11月开始筹备创办《大众日报》。1939年1月1日，《大众日报》在沂水县王庄正式创刊，并成为中共中央山东分局的机关报。其宗旨是“为大众服务，成为他们精神上的必要因素之一，成为他们自己的喉舌，更成为他们所热烈支持的最公正的舆论机关”。《大众日报》与根据地其他党报一起，积极向全省民众宣传党的抗日政策，从而提高了民众的抗战意识，增强了人民群众积极抗日的决心。

知识广角

习近平总书记就大众日报创刊80周年作出重要批示

2018年12月31日，习近平总书记就大众日报创刊80周年作出重要批示：80年来，大众日报不懈践行“党的立场，群众的报纸”办报宗旨，是一份有着光荣传统、广泛影响的党报。希望大众日报始终把坚持党性原则、坚持正确政治方向放在第一位，弘扬沂蒙精神，加强改革创新，为鼓舞大众、团结大众、服务大众作出新的贡献。

3. 繁荣文艺事业。随着根据地的发展壮大，广大文艺工作者紧密结合党的中心任务和工作，成立各抗日剧团（社），纷纷深入农村、部队演出，以群众喜闻乐见的方式创作了很多反映抗战现实、歌颂工农兵的文艺作品。1941年3月8日，中共中央山东分局组建的姊妹剧团在莒南县成立，辛锐任团长，甄磊任政治指导员，共有团员20多人。剧团成立以后，随中共中央山东分局机关、部队活动，在沂蒙山区一带刷标语，教群众唱歌，编写演出歌曲、快板、杂耍、活报、舞蹈、独幕话剧等节目，很快打开了工作局面。

广大农村地区建立了各种文艺组织，包括秧歌队、文艺宣传队、农村剧团等。到1945年，仅莒南县的剧团就已经超过两百个，演员人数达上千人，实现了“庄庄秧歌队，村村锣鼓声”。文艺事业的发展，不仅丰富了当地人民的日常生活，在农村地区普及了文化知识，还配合了党在不同时期的工作，对根据地的发展起到了重要作用。

民心是最大的政治。习近平总书记指出：“人民是我们党的工作的最高裁决者和最终评判者。”无论过去、现在和将来，必须始终坚持以人民为中心的发展思想，始终坚持全心全意为人民服务的宗旨，始终坚持把人民对美好生活的向往作为我们的奋斗目标。这既是沂蒙精神给予我们的深刻启示，也是我们党不断走向新胜利的成功秘诀。

学习思考

1. 中国共产党坚持“人民至上”表现在哪些方面？
2. 山东抗日根据地为发展经济采取了哪些措施？
3. 今天如何坚持“人民至上”的发展理念？

第四章

无私奉献——沂蒙精神的基因

在中国共产党的领导下，山东根据地军民始终服从大局，无私奉献，为支援全国抗战和人民解放事业作出了重大贡献。

一、无条件服从中央

毛泽东曾指出："山东把所有的战略点线都抢占和包围了。只有山东全省是我们完整的、最重要的战略基地。北占东北，南下长江，都主要依靠山东。"这突显了山东根据地在中国革命战争中的重要战略地位，肯定了山东人民服从中央为大局的革命贡献。

（一）抗战的中流砥柱

1. 主导并长期独立支撑全省抗战大局。在山东敌后抗战的各个时期，中国共产党不但自始至终主导着山东抗战，而且很长一段时间独立支撑着全省抗战大局，这在全国是绝无仅有的。全面抗战初期，中国共产党于危难时刻肩负起领导全省人民抗日救亡的重任。进入相持阶段后，中国共产党领导抗日军民，在与日、伪、顽的斗争中，承担起敌后抗战的重任，逐渐开辟了山东敌后主战场。从1941年起，面对严重的困难局面，山东党政军民以顽强的意志坚持斗争，终于克服严重困难，巩固和扩大了抗日根据地，最终迎来抗日战争的伟大胜利。

2. 独立自主建立起一支战略游击兵团。全面抗战初期，山东党组织在基础薄弱、没有八路军主力支援、军事斗争经验严重不足的情况下，创造性地执行党的路线方针，以武装起义的独特模式，建立了10余块抗日根据地，抗日武装发展到4万余人。

1938年12月，经中共中央批准，除冀鲁边和鲁西北两地的抗日起义武装外，山东各地的起义武装被统一整编为八路军山东纵队，由张经武任指挥，黎玉任政委，下辖10个支队又3个团，共2.45万人，另有地方武装1万余人。山东纵队的成立，标志着中国共产党领导的山东人民抗日武装力量已由若干分散的游击队发展为战略上统一指挥的游击兵团。山东纵队与第一一五师、第一二〇师、第一二九师、新四军、山西新军、东北抗日联军同为中央军委直接通报单位，受八路军总部指挥。山东纵队成立后，一方面指挥各部队配合地方党政机关发动组织群众，发展地方武装，建立抗日民主政权；另一方面广泛开展游击战争，打击日伪军。山东纵队在山东抗日根据地的发展和巩固中发挥了重要作用。

3. 建立覆盖全省的抗日根据地。毛泽东在1938年发表的《论持久战》中，科学判断中国的抗战将是一场持久战，强调要不断消耗、削弱敌人的力量，积蓄、壮大自身力量，不断改变敌我力量对比，以形成战略反攻的必要条件。山东党组织模范地执行这一战略思想，带领山东军民不断开辟广大敌后战场，扩大抗日根据地，并在抗日根据地实行了一整套抗日民主的方针政策，开展了调整生产关系、促进生产力发展的各项社会改革，尤其是进行了新民主主义的政治、经济和文化建设，提高了广大军民抗战和生产的积极性。到大反攻胜利结束时，山东抗日根据地达到12.5万平方公里，人口2400万。山东成立了党领导的第一个省政府，建立了全国唯一以一省范围为主体的抗日根据地。形成规模如此之大、力量如此之强的抗日根据地，这不但为支援全国抗战作出了贡献，也为全国解放战争的胜利提供了实力雄厚的战略基地。罗荣桓在《谈山东抗日战争》一文中总结道："如果没有山东根据地，要集中那么多的兵力进军东北是不可能的；没有山东根据地，解放战争初期集中我军向北转移就没有立足点，对后来的大江南北的作战支援也将是很困难的。"

（二）服从中央为大局

1. 密送黄金。烽火连天的抗战年代，既有军事上的鏖战厮杀，又有经济上的殊死斗争。为保证中共中央和八路军部队经费需要，中共中央决定到山东筹款。中共中央山东分局受命后，立即想方设法在胶东等地秘密筹集黄金送往延安。

影像推荐

"胶东烽火"系列节目

抗日战争时期，日军占领了山东烟台的招远金矿，疯狂掠夺山东的黄金资源。胶东军民与日军展开了激烈的黄金争夺战。央视网《国宝档案》栏目的《胶东烽火——血色黄金》（2015年9月17日）、《胶东烽火——虎口夺金》（2015年9月18日）、《胶东烽火——护金英雄》（2015年9月19日）三期节目带你走进那段硝烟弥漫的战争岁月。

第一，自行创办金矿，发展黄金生产。为筹集抗日资金，中共胶东特委在解放区和敌占区秘密筹建金矿，领导群众采金。党成立了专门机构、工会组织，又实行了一系列优惠政策，极大地调动了群众的采金积极性，黄金生产得以快速发展。

第二，开展反掠夺斗争，从敌人手中夺金。1939年2月底，日军占领玲珑金矿。中共胶东区委指示，实施“虎口夺金”计划，组织矿工在敌人眼皮子底下智取黄金。胶东军民虽然想尽各种办法，比如有的藏进破棉袄里，有的夹在双层的鞋底里，但毕竟数量有限，大批黄金仍然在日军手中。为了尽快筹集到更多的黄金，胶东的党组织决定，采取更加直接的方式夺取黄金。从1939年到1944年春，胶东军民密切配合，先后在龙招公路沿线多次伏击日军运金车，炸毁敌汽车30余辆，消灭日伪军200多人，缴获大量富矿石、金精矿和军需、生产等物资。

第三，建立地下收购站，从群众手中收金。胶东党组织专门建立了负责收购黄金的地下收购站，筹集到的黄金数量十分可观，仅在玲珑一带每周便可收购黄金50两至60两。1942年，地下收购站收购黄金3188两。1946年至1949年，招远县生产、收购黄金228571两，白银37100两，银圆30251枚，后全部上交，为支援解放战争作出了突出贡献。

第四，开辟运金密道，安全运送黄金。胶东党组织向中共中央运送黄金，采取集中与分散结合、分段接力的方法，秘密进行。一般先将在招远等地通过各种形式筹集的黄金，集中到中共胶东特委（区委）驻地或指定位置，然后取道“渤海走廊”和“滨海通道”，将黄金秘密送到中共中央山东分局、八路军山东军区，再转送或直送中共中央。山东军民倾其所有密送的黄金，成为保障中国共产党抗战事业经费的重要来源。

2. 山东主力部队和干部挺进东北。抗日战争胜利后，中共中央提出了“向北发展，向南防御”的战略方针，其核心是控制东北。为此，中共中央先后派出11万人的部队和2万名干部迅速开往东北，其中包括山东主力部队7万人和山东地方干部6000余人。

中共中央确定“向北发展，向南防御”的战略部署后，要求“山东主力及大部分干部迅速向冀东及东北出动。第一步，由山东调三万兵力到冀东，协助冀热辽军区肃清伪军，开辟热河工作，完全控制冀东、锦州、热河。另由山东调三万兵力，进入东北发展，并加紧装备”。1945年9月20日，中共中央致电中共中央山东分局：“发展东北，控制冀东、热河，进而控制东北的任务，除开各地派去的部队和干部外，中央完全靠你们及山东的部队和干部。原则上要以山东的全部力量来完成，必须全力执行，越快越好。”9月29日，中共中央电示罗荣桓等：“在胶东和辽东立即采取必要的确实的办法组织部队和干部渡海，是目前决定一切的一环，必须在二十天至一月内渡过二三万部队和干部，否则决不能完成你们的战略任务，因山东部队和干部如须从陆路进入东北，两个月还不能到达，那时国民党军必将进入东北。”因此，“你们双方必须用全力迅速组织渡海，再不能容片刻迟缓”。

根据中共中央的战略部署，中共中央山东分局立即准备出兵东北的各项工作。在当时的情况下，短时间内调动大批部队赶赴东北，困难可想而知。况且，部队大部分通过海运赶赴东北，而当时的运力又非常有限。

在时间紧迫、缺乏现代运输工具的情况下，将数万大军运送过渤海海峡，无疑是一项十分艰巨、繁重的任务。由于中共中央山东分局领导部署正确、指挥有方，全体将士积极努力，人民群众大力支援，仅用两个月的时间就完成了艰巨的海运任务。

在山东主力部队挺进东北的同时，中共中央山东分局还根据中共中央的指示，抽调了大批干部随军奔赴东北。1945年8月17日，中共中央山东分局发出《关于抽调大批干部去东北的指示》，指出："根据中央指示方针及我们所负担的任务，分局决定再抽调大批干部派往东北开辟工作。胶东除指定的部队外，应调足两百个地方干部。鲁中、滨海各调地方县、区干部五十个（县级应占五分之一，县区两级均应在总数内适当配备党政、财经、地武、民运各种干部）。渤海、鲁南和军直则按分局指定名单抽调。"到12月底，山东解放区共抽调6000多名干部开赴东北，组成了30个团的架子，配备了3套省级领导班子。

山东主力部队及大批干部会同其他解放区的部队和干部，按照中央的战略部署迅速北移，争得了控制热察、进入东北的先机，打破了国民党独占东北、南北夹击关内解放区的企图。

3. 山东是转运军械的重要通道。1945年8月15日日本宣布投降后，中共中央意识到东北地区作为"战略总后方"的重要性，迅速实施"向北发展，向南防御"方针，由彭真、陈云率领的东北局统筹行动，冀热辽军区曾克林部率先进入沈阳，接收沈阳兵工厂，获取日军遗留军备。据《中国人民解放军战史》记载，东北各战略区共接收步枪约30万支、轻重机枪2万余挺、火炮1800余门、弹药库47座，兵工厂设备1200台及大量弹药（各类子弹2亿发、炮弹50万枚）。东北的物资远超中共此前装备水平，但地理阻隔成为最大难题。中共中央军委于1945年11月致电山东军区："东北军械之转运，关系全局胜负，须以最大决心开辟海上通道"，"利用冬季渤海结冰期前，组织海上运输"。由此形成以辽东半岛为起点，经渤海海峡至山东半岛的海上运输线。

1945年11月，东北民主联军副司令员萧华在大连成立"海上运输指挥部"，动员胶东、辽东渔民800余人，征用渔船300余艘，由胶东军区海防支队改编成立护航大队，配备改装炮艇12艘。运输线以辽东半岛的皮口、庄河为起点，经渤海海峡至山东半岛的龙口、烟台，航程约120海里。为规避国民党海军巡逻，采取"昼伏夜行、分散编队"策略，每批船队不超过10艘，间隔2小时出发。为防止敌人破坏，山东军区许世友部在烟台成立"岸防指挥部"，部署高射机枪18挺，并组织民兵昼夜巡查海岸线，实施武装护航。自1945年12月至1946年4月，共完成47批次运输，转运枪支5.2万支、机枪1300挺、火炮280门及弹药400余吨。

山东军区在龙口、威海设立三大转运站，构建分级管理体系。首先是初级分拣，即按照武器型号分类，淘汰严重损毁装备。其次，进行弹药配套改制，比如把日式的子弹改制成符合我军使用的弹药。此外，还有一些配套设备的改制，比如1946年2月，陈毅在临沂接见运输干部时特别指出："山东同志改造的九二步兵炮驮载架，使火炮山地机动性提升三倍，此乃创造性贡献。"最后是转运。改制后的军械，大约40%经陇海铁路秘密通道输送到华中解放区粟裕部，35%通过黄河渡口骡马队运往晋冀鲁豫刘邓大军处，25%本地留存。在运输过程中，山东组织10万民工扩建烟台至潍坊的"军械公路"，设置隐蔽仓库23处。开展技术培训，在威海卫开办"日械使用训练班"，至1946年

5月，山东解放区累计向各根据地输送培训合格的炮兵骨干1200人。

山东军民组织军械转运，突破地理阻隔，建立了跨区补给通道，同时锻炼了海上力量，胶东海军支队在运输中积累经验，成为新中国海军的前身之一；军械转运使华东野战军实现装备升级，具备攻坚战能力；通过技术创新与制度建构，将被动运输转化为“东北生产、山东转运改制、华中使用”的军工协作模式，为1947年战略反攻储备物质基础。

4. 山东干部南下。解放战争后期，人民解放军在战略决战后迅速向长江以南地区推进，大量国民党统治区域被解放，亟待接管。为了在新解放的地区建立政权，中共中央于1948年10月28日作出《关于准备五万三千干部的决议》，决定从老解放区抽调5.3万名各方面干部。其中，要求华东地区抽调1.5万名干部，1949年6月为第一期，应完成1万人左右；1949年12月为第二期，应完成5000人左右。

1948年12月25日，中共华东中央局发出《关于执行中央准备五万三千干部决议的指示》，鉴于华中干部特别缺乏的实际情况，决定全部干部都从山东地区抽调。具体分配方案是：鲁中南区配备1套区党委级、10套地委级、40套县委级，共调干部3680人；渤海区配备1套区党委级、5套地委级、41套县委级，共调干部3456人；济南市配备1套区党委级、2套地委级、5套县委级，共调干部576人；昌潍专区配备半套地委级、5套县委级，共调干部404人；潍坊市配备3套县委级，共调干部225人；中共华东中央局直属机关除配备1套中央局级、1套区党委级、5套半地委级、15套县委级外，另配备城市工作干部1475人，共调干部3009人。

1949年2月3日，中共中央发出《关于调度准备随军渡江南进干部的指示》，要求“华东、华中调动集中及训练一万五千干部的工作，应立即动手去做，并于二月底在徐州集中待命”。

1949年3月初，首批干部启程南下。大批干部南下，是中国共产党夺取政权后巩固政权的一项战略部署，解决了从革命到执政的过渡时期急需大批干部的问题。其间，山东有4万余名干部，先后分9个批次，南下到浙江、上海、江苏、安徽、江西、贵州、四川、福建、云南、湖南、湖北、广东等省、市。各批次的山东南下干部，虽然启程时间不一，所行路线不同，具体工作任务各异，但都经历了长途行军、跋山涉水、风餐露宿的艰苦南下征程。他们历经千辛万苦到达目的地后，又经受了语言不通、生活习惯迥异、工作环境险恶等常人难以想象的严峻考验。在上海、南京等新解放的大中城市，他们与国民党残余势力开展了斗智斗勇的经济斗争，与潜伏匪特在看不见的战线上进行了殊死搏斗。为保卫和建设新解放的地方政权，他们有的在辽阔的

1949年2月19日，鲁西某地委机关全体人员欢送南下同志合影

土地上征兵征粮、土改反霸，有的在茫茫林野中冒着生命危险清剿土匪，很多同志血沃江南。

山东各战略区从全国解放的大局出发，认真执行中共中央、中共华东中央局的指示，创造性地完成了中共中央下达的南下干部配备和派遣任务，为全国的解放和南方广大地区的社会主义革命、建设作出了巨大贡献。他们在此期间所形成的以信念坚定、勇于担当、团结奋战、艰苦创业为核心价值的南下精神，历经岁月的淘洗，依然闪烁着灿烂的光芒，构成了沂蒙精神不可或缺的光辉篇章。

二、参军参战忠于党

中国革命的实践证明，要取得战争的胜利，只依靠正规部队（或主力部队）是远远不够的，还必须有大量的地方武装和人数众多的人民武装。在艰苦的战争岁月里，山东各地群众不断掀起大参军热潮，充分显示了人民战争的巨大威力。

（一）地方抗日武装

中国共产党及其领导的人民军队与敌人进行了浴血奋战，以实际行动赢得了人民群众的拥护和爱戴。人民群众也自发组织起来，展开了抗日救国、保卫家园的卓绝斗争。山东的地方抗日武装一般包括地方武装和人民武装两部分。

1. 地方武装。地方武装是游击性较大而又限制在一定地区活动的部队。1939年1月，中共中央山东分局、八路军山东纵队举行联席会议，决定加强县、区地方武装建设。会后，各区积极建设地方武装。自1939年下半年开始，鲁南、鲁西、胶东、清河等地区及所属地委相继成立了军区和军分区，负责进行战争动员，发展地方武装。

这时军分区的基本任务是进行战争动员，发展地方武装，补充主力部队的兵员，配合主力部队作战，因时因地制宜地广泛开展分散性、群众性、地方性的游击战争，分散和牵制敌人的兵力。1942年8月1日，山东军区颁布《八一训令》，对加强地方武装、建立健全地方武装机构提出了具体要求。《八一训令》强调，县、区地方武装要保证在本地区地方党的绝对领导之下，在政治上统归各地委、县委直接领导，在军事上统归军区、军分区领导指挥；县、区地方武装的主要任务是坚持在本县、本区内的斗争，积极与民兵配合，开展游击战争。

根据山东军区的部署和要求，各二级军区及滨海独立军分区在加强县、区地方武装方面采取了一些必要措施：一是明确县、区地方武装的工作任务；二是建立健全地方武装指挥机构和政治工作机构；三是增强地方武装的骨干力量；四是协助县、区地方武装进行军事训练和组织纪律教育；五是帮助县、区地方武装不断升级；六是确定县、区地方武装的编制。

山东军区所属各战略区的县、区地方武装，经过整顿和充实，在数量和质量上都有了很大的发展和提高。到1943年春，鲁中、胶东、清河、滨海区的县、区地方武装已有独立营17个、县大队67个、区中队460个。所有县大队都建立了党的基层支部，区中队也都建起了党小组，形成了以共产党组织为领导核心的坚强战斗堡垒。县、区地方武装的充实和加强，为协同山东军区各主力部队、基干部队作战，更广泛地开展分散性、群众性、地方性的游击战争，打下了坚实的基础。

2. 人民武装。人民武装是不脱离生产的人民自卫武装组织。人民武装没有统一名称，各地分别称自卫队、联防队、基干民兵队、青年抗日先锋队、游击小组等。人民武装的活动方式因地区的不同而有所区别：在抗日根据地内部，活动方式是公开活动；在边沿地区，是半公开活动；在敌占区，是秘密活动。

山东民兵组织建立时间较早。1938年，山东各地相继建立了抗日自卫团。随着形势的发展，自卫团中逐渐形成了机动性较大、战斗力较强的民兵。1939年，中共中央山东分局、八路军山东纵队召开的联席会议决定组织乡村抗日自卫团。会后，各区积极发动群众建立抗日自卫团。到1939年底，山东抗日根据地武装自卫团已达10万余人。

1940年12月3日，山东省战工会颁布《人民抗日自卫团组织条例》，促进了人民武装的进一步发展。到1940年底，全省的民兵和自卫团发展到12.3万多人。

八路军山东纵队正式改为山东军区后，中共中央山东分局、山东军区进一步加强了对建立与发展人民武装的领导。为适应敌后游击战争的新环境，武装全体抗日人民进行群众性抗日游击战争，山东省战工会和山东军区于1942年9月1日公布《修正山东军区人民武装抗日自卫团暂行条例》，民兵和自卫团的发展逐渐步入正轨。1942年至1943年间，随着各地减租减息和增资运动的开展，自卫团和民兵有了较大发展。到1943年10月，山东的民兵数占根据地人口的比例为3.19%，比例最高的是胶东区，为4.35%，其次是鲁中区，为2.25%；自卫团人数占根据地人口的比例为14.5%，比例最高的是胶东区，为19.8%，其次是鲁中区，为13.9%。到1943年底，海阳县有95%的村庄建立了民兵和自卫团组织。到抗战胜利时，山东民兵发展到50万人，自卫团发展到209万人。

以民兵和自卫团等形式组织起来的人民武装，在残酷的反“扫荡”、反“封锁”斗争中，运用各种方式，灵活开展对敌斗争，有效打击了敌人。据不完全统计，仅从1943年3月到1944年3月，全省民兵作战就达7000余次，毙伤日伪军2700余人，炸毁汽车36辆，缴获重机枪2挺、轻机枪14挺、长短枪730支、掷弹筒7具、大型运输船19艘，还缴获了一些其他军用物资。

此外，在对敌斗争中，民兵还为主力部队和地方武装做向导，送情报，运粮弹，抢救和掩护伤病员，掩藏各种物资，破坏敌人交通、通信，拆除敌人碉堡、炮楼，完成了大量战勤任务，有力地支援了前线。

（二）抗战中的村庄典型

面对日本侵略者的野蛮侵略和伪军的助纣为虐，具有强烈反抗意识的山东军民自发投入到抗击日伪军的斗争中，打响了一场场力量悬殊的家园保卫战，涌现出一个个“抗日模范村”“抗日楷模村”。

1. 定陶县吕沟村。抗日战争时期，地处鲁西南抗日根据地东北前哨的定陶县吕沟村的爱国青年，在当地党组织的领导下，积极打击日伪军。1940年，伪军多次到村里征粮，吕沟村群众严词拒绝，并将他们驱逐出村。同时，村里的钢枪班多次公开袭击日伪军，打死多人。日伪军恼羞成怒，决定对吕沟村进行报复。

1941年4月19日，敌人从菏泽、成武、定陶、曹县调集400多名日军，加上伪军共700多人，对吕沟村形成扇形包围。中午，在炮火的掩护下，日伪军向吕沟村大举进攻。村民们迅速转移。村里留下48名武术好的大刀会会员坚守围墙，打击敌人，保卫吕沟村。

下午5点，敌人进行第二次进攻，村子南门被炸开，100多名日伪军进了村子。大刀会48名会员向敌人冲去，打退了敌人的进攻。日伪军惊魂稍定后，又组织了第三次进攻，还没等他们靠近围墙，会员们又把敌人压了下去。在炮火的掩护下，日伪军发起了第四次攻击。为保存实力，会员们决定撤出村子。敌人从东门、南门进村，对吕沟村实行“三光”政策，300多间民房被烧成灰烬。

事后，在党组织和八路军的帮助下，吕沟村村民重建了家园，并有124名青壮年参加了八路军。1945年抗战胜利后，军分区授予吕沟村“抗日模范村”光荣称号。

2. 莒南县渊子崖村。渊子崖村（现属莒南县板泉镇）处于敌占区和抗日游击区的“拉锯区”，八路军第一一五师挺进沂蒙山区后，村里许多青年参加了八路军，先后成立了农救会、村政权、妇救会、青抗先等群众抗日组织，还建立起抗日自卫队和游击小组。由于缺少武器，他们就把过去打土匪用的“五子炮”“生铁牛”（一种土炮）、大刀、长矛、雁枪等集中起来，作为与敌人斗争的武器。

1941年12月18日，沭河西岸的伪军因渊子崖村拒绝向他们提供钱财和粮食，伪军队长梁化轩带领100多名伪军包围了渊子崖村。村长林凡义指挥村自卫队沉着应战，先是以土炮轰击，毙伤其一部，而后趁其后退之机乘胜追击，将敌人全部打退。首战胜利，增强了村民的信心，鼓舞了村民的斗志。

20日清晨，不甘心失败的梁化轩带领日伪军1000余人再次扑向渊子崖村。村自卫队按照事先部署进入战斗岗位，全村的男女老少全部自发组织起来，男人守围墙，女人和儿童负责烧水做饭，运送弹药、石头等。村民团结一心，顽强抗击，打退了敌人的数次进攻，但是终因寡不敌众，敌人攻入村内。村民与敌人展开了激烈的肉搏战。20日下午，八路军山东纵队二旅五团和板泉区地方武装闻讯赶来参加战斗，日军逃走。

在这次战斗中，渊子崖村村民用简陋的原始武器与装备优良的日伪军血战一整天，毙伤日伪军100余人，百余名村民在战斗中壮烈牺牲。渊子崖村保卫战的消息很快在滨海地区传扬开来，极大地振奋了群众的抗日斗志，狠狠地打击了日军的嚣张气焰。为表彰渊子崖人民群众英勇杀敌的革命精神，滨海专署授予渊子崖村“抗日楷模村”光荣称号，并立碑纪念。

3. 博莱县南岩村。鲁中区博莱县南岩村是一个距伪军吴化文部据点只有几里远的小村庄。该村1943年得到解放后，顽强坚持对敌斗争，半年时间内，就同日伪军作战14次，攻克据点3处，碉堡15座，毙伤日、伪军133人，俘伪军105人，缴获掷弹筒2具，轻机枪2挺、步枪62支。1943年4月23日，伪军吴化文部1000余人携轻重机枪兵分两路偷袭南岩村。该村民兵队长刘建军指挥60余名民兵，以劣势武器击退伪军的进攻，毙伤50余人。次日晨，民兵刚掩护群众撤出村子，又遭到1000余个日伪军的袭击。负伤民兵公茂志和于公臣被俘后，痛斥伪军，宁死不屈，最后被日伪军残忍杀害，悬颅示众。全村177户，被日伪军纵火焚烧得仅剩三间瓦房，牲畜、粮食、家具被洗劫一空。英雄的南岩民兵和群众，面对日伪军的残暴，毫不畏惧，继续坚持斗争，不断打击敌人，迫使日伪军撤出10余个据点。1943年7月17日夜间，南岩村民兵仅用20多分钟，就全歼敌玉皇山据点34人，缴获轻机枪1挺、小炮两门，拔掉了这颗“钉子”。山东省人民武装委员会号召全省民兵和群众向南岩村民兵学习。延安新华通讯社突出报道了南岩村的事迹。1944年8月2日，南岩村12名民兵出席了山东军区在莒南县坪上镇召开的首次英模代表大会。刘建军被授予“特级民兵英雄”

和“模范民兵指挥员”的称号，南岩村民兵荣获“南岩英雄民兵队”奖旗。

（三）参军参战

革命战争是人民群众的战争，只有动员群众和依靠群众，才能取得战争的胜利。要取得革命战争的胜利，首先必须解决的一个问题就是兵员的补充问题。无论是在抗日战争时期，还是在解放战争时期，山东各地群众都积极参军参战，英勇抗击日军的侵略和国民党军的进攻。

1. 抗日战争时期。当抗战的烽火燃遍齐鲁大地的时候，山东人民同仇敌忾，共赴国难，同日本侵略者展开了艰苦卓绝的斗争。“母亲教儿打东洋，妻子送郎上战场”是当时山东抗日根据地的真实写照。最初，群众参军主要以党团员、村干部带头，各级党政军民深入动员和地方武装升级等为主要形式。到1944年，山东抗日根据地各战略区开始出现群众大规模参军运动。

1945年，八路军攻城夺地，势如破竹，捷报频传。群众的抗战热情也大大高涨，参军、参战成为广大群众的自觉行动。大批翻身农民争先恐后地报名参军，形成了抗战以来从未有过的踊跃参军局面。根据地内欢送亲人入伍的场面几乎到处可见。鲁南抗日根据地率先掀起大规模的参军运动。鲁南区3个县参军总人数达6000人以上，其中赵镈县（今兰陵县）一天报名2000多人。

在八年全面抗战中，仅胶东区就有9.5万名青年参军。在大参军中，涌现出许多模范村庄：沂水县西越庄共有100多户人家，有200人参加八路军；栖东一个仅30户人家的一个小村庄，就有24名民兵参加八路军。

民兵成为参军的主力，很多民兵成班、成排甚至成连地集体参军。沾化县民丰村80名民兵集体参军，被命名为“民丰子弟兵连”。广饶县商家、周家两个村的民兵集体参军后，成为闻名的“商家连”“周家连”。著名的“沂南”“沂北”“沂中”新兵团，都是由民兵成建制地参军组建起来的。

大量青年参军，壮大了八路军队伍，加速了反攻日本侵略者的步伐，促进了抗日战争的胜利。

2. 解放战争时期。山东解放区每年都动员大批青壮年参军，为部队输入新鲜血液。由于各级政府的积极引导、动员以及广大人民群众认识的提高，山东解放区的参军运动搞得既轰轰烈烈又扎扎实实。据统计，在整个解放战争时期，山东解放区（包括冀鲁豫边区的现属山东地区）共有95万名青壮年参军，占全国各解放区参军总数的1/4以上。

在整个大参军运动中，从鲁西平原到胶东半岛，从渤海之滨到鲁南山区，在纵横十几万平方公里的齐鲁大地上，干部带头、父母送子、妻子送郎、兄弟争相参军的动人情景随处可见。滨海区日照县傅疃村的范大娘有4个儿子，其长子范崇合与次子范崇相，先后于1945年、1946年在战场上牺牲。深明革命大义的范大娘将丧子之痛埋在心底，毅然于1947年7月又把三儿子范崇任送进了部队。为表彰她的崇高精神，滨海支前司令部、政治部和日照县评功委员会授予范大娘一面绣有“人民的母亲”的锦旗。荣成县小泊村青年孙传和，在报名大会上咬破手指，用鲜血写了“为国为民，杀敌立功”8个大字，表达自己参军、参战的坚强决心，后被批准入伍。莱东县赤山区赤山村妇救会副会长顾桂花结婚只有6天，就动员丈夫领着她的弟弟一起参了军。大参军运动的一个显著特点，就是有很多地方成建制地入伍，有不少村荣获“武状元村”“动参模范村”“扩军模范村”等光荣称号。

1948年10月后，解放战争进入战略决战阶段，进行的战役规模大、兵员消耗多，急需解放区紧急动员大批兵员开赴前线补充部队。1948年11月，淮海战役发起后，中共华东中央局决定在淮海战役期间从山东动员11万兵员，分3批补入主力部队。于是，山东又掀起一个规模宏大的参军高潮。在这次参军运动中，从1948年10月到1949年3月，山东解放区有16.8万余名青壮年参军，其中8万人补入主力部队。

解放战争时期，胶东区先后发起五次大参军运动。仅在1946年夏至1947年夏的一年时间中，就有两次较大规模的参军运动。第一次是1946年下半年，有56万名青壮年志愿报名参军。第二次是1947年春，仅1月中旬至2月，就有55万名青壮年参军（滨北区除外）。1947年上半年，胶东区约有10万人参军。莱东县赤山区500名青壮年集体参军，组成了闻名遐迩的“赤山营”。福山县黄山村128名青壮年，组成了著名的“黄山连”。南招县和北招县在8月发动了34万人参军，最后精选出18万人编入主力部队。掖县和掖南县在6月一次就发动4000余人参军，其中输送到胶东军区、华东野战军的有2098人。莱阳县和莱西南县4月至6月先后掀起了三次参军热潮，莱阳县参军3560人，莱西南县参军1986人，除留少部分扩大充实地方武装外，大部分编入主力部队。平南县6月一次参军4000余人，其中白埠、胡铁家、陶家屯、黄家等村因参军人数多、质量好，被授予“参军模范村”称号。牟平县10月发动800多人参军，其中党员占了五分之一。

山东在组织地方武装和翻身农民参军补充主力部队的同时，还从各地抽调选拔了2.2万余名优秀民兵组成17个子弟兵团开赴前线，担负押解战俘、警备铁路、保护交通、看守仓库、捕捉散兵、打扫战场等战勤任务，积极配合和支援部队作战。大批山东地区的兵员补充到主力部队，对保障淮海战役的胜利起到了极大的作用。特别是在战时部队休整时间少、新兵训练条件不足的情况下，升级式地补充部队，确保了部队的战斗力。

三、拥军优属支前忙

毛泽东曾指出："战争的伟力之最深厚的根源，存在于民众之中。"山东根据地之所以成为中国革命走向胜利的重要补给基地，除了中国共产党的坚强领导、人民军队的英勇奋战等因素外，与山东人民群众的大力支持是密不可分的。"真正的铜墙铁壁是什么？是群众，是千百万真心实意地拥护革命的群众。这是真正的铜墙铁壁，什么力量也打不破的，完全打不破的。"革命战争年代，山东人民群众的广泛参与、大力支持和无私奉献，使山东根据地坚如磐石、牢不可破，使中国共产党和人民军队在山东的革命斗争无往而不胜。

（一）拥军支前

1. 舍身掩护八路军伤病员。人民群众在反"扫荡"、反"蚕食"斗争中，视军人为亲人，甘冒生命危险，舍身保护八路军战士。费东县（抗日战争时期的费东县，地处蒙阴、费县、沂南3个县的边界）桑园村党支部书记王金来，在日军大"扫荡"时，主动收容了抗大女生队的两名病员，把她们隐藏在草沟头山洞里，每天背着筐给她们送饭。一天，他正在做饭，突然被敌人包围。敌人用刺刀对着他的胸

红色故事

难忘的乡亲（摘录）

刘继先

有一次，我又昏迷过去了，不知过了多长时间才清醒过来，只见彭大娘正给我上热敷，韩大娘正给我喂水，两位老人的眼都哭肿了。我知道这是伤寒病传染最厉害的时刻，就着急地说："大娘，你们……你们快离开我！"两位老人边抹眼泪边对我说："傻孩子，你是谁？我们又是谁？你不是常说，军队和老百姓，咱们是一家人吗？"我连忙解释："大娘，这病传染上有危险……"两位大娘的脸上露出慈祥的笑容，几乎同时对我说："危险？俺才不怕哪，只要能够把你救出来，大娘就是搭上老命也心甘情愿。"

——中共蒙阴县委党史资料征集委员会编：《蒙阴党史资料》第五辑，1989年

膛，让他说出八路军在哪里，否则就捅死他，还要烧他的房子。在这生死关头，他毫无畏惧地说："不知道！"敌人狠狠地打了他一顿，把他关到房子里，点起大火。他机警地躲到屋内的地洞中，才没有被烧死。敌人走后，他从地洞里钻出来，又去给病员送饭。

1942年大青山战斗后，群众主动掩藏了一大批伤员。大布袋峪、小布袋峪、罗圈崖3个小山村，虽只有20多户人家，却掩护了30多名伤员。他们给伤员换下血衣，帮女同志梳起发髻，将他们分别藏到地窖、山洞和砖石砌的"墓穴"里，表面做好伪装，规定了联络暗号，白天由民兵瞭望监视敌人，夜间由群众送饭，最后使这些伤员全部安

全归队。这些可亲可敬的人民群众，也为此付出了血的代价。布袋峪妇女会会长马大嫂一家，掩藏了3名伤员，她的丈夫为了监视敌人，掩护伤员，被日军用刺刀刺死，又被丢到火里烧焦；她的独养儿子（民兵游击小组长），为了引开敌人、保护伤号，被敌人包围，壮烈牺牲。马大嫂悲愤欲绝，可八路军去慰问她时，她却擦干眼泪说："他爷俩死得值，对得起党，对得起国家！"

2. 广泛开展"三献"（献金、献粮、献物资）运动。战争的破坏以及劳动力的减少，造成粮食减产，解放区的支前物资处于紧缺状态。胶东等一些地方的干部群众开展了捐献粮食、货币、钢铁、慰问品等活动，将捐献物资用于支前。1947年2月1日，中共华东中央局发出《关于开展献金献粮献物资运动的指示》，号召充分发扬节衣缩食、省吃俭用、克己奉公的精神，广泛开展献金、献粮、献物资运动。2月8日，山东省政府发出《关于开展献金献粮献物资运动的指示》，对开展"三献"运动又作出了进一步的规定。

中共华东中央局、山东省政府发出开展"三献"运动的指示后，在不到两个月的时间里，山东解放区连续掀起三次捐献热潮。为了保证前方需要，群众宁肯全家勒紧裤腰带也要踊跃捐献，将节省下来的粮食等物资源源不断地送往前线。如北海区群众捐献黄金7000两；莱东县群众捐献黄金40两，白银价值1000万元。到1947年4月，山东解放区各级共捐献资金4亿多元，粮食近400万斤，慰劳品则不计其数。

山东解放区广泛开展的"三献"运动，大大缓解了当时前线的经济财政困难，为解放战争的胜利奠定了坚实的物质基础，体现了山东军民的鱼水深情。

3. 渤海区成为山东抗战的可靠大后方。全面内战爆发后，国民党军队对山东实施重点进攻，山东解放区除渤海区黄河以北地区外，都遭到了国民党军队的严重破坏。渤海区则成为山东解放区当时唯一一块基本未遭到国民党军队破坏、较为完整的解放区，由此成为华东战场的可靠后方。

1947年7月起，华东局机关，华东军区所属部分机关，鲁南、鲁中区党委所属部分机关，野战军兵站、医院、工厂、学校，还有大批伤病员、残废军人、干部家属和随军民工，以及苏北、淮北部分人员，和经渤海区转入鲁西南作战的华东野战军第六纵队等部，总共约41万人，先后撤退到渤海区黄河以北地区。

撤退到渤海区黄河以北，首先要面临的是渡船问题。渤海区首先征集调用沿黄各地已有船只，其次组织大批工匠突击造船。广大群众踊跃支援造船，纷纷捐献木材、铁料、桐油等造船材料，在很短的时间里，沿黄各渡口共造大小木船数十只。陈毅率部从清河镇渡口过河并安全到达惠民，称这次撤退转移为“携万民过河”。

转移军民渡过黄河后，分别被安置在滨县、惠民、阳信、无棣、沾化、利津、乐陵、庆云、盐山、商河、临邑等县，其中阳信、滨县、惠民、沾化较为集中，几乎村村户户都住满了外来军民。

刚刚安置下转移军民，供给问题又摆到了面前。华东局、华东军区机关等转移到渤海区后，总计有41万脱产人员。粮食问题是物资供应方面第一位的大问题。据不完全统计，渤海区1946年共征粮1.45亿公斤，占山东解放区1946年征粮5亿公斤的近30%；1947年征粮猛增到3亿公斤，比1946年翻了一番还多，占山东解放区1947年征粮6.2亿公斤的近一半。许多村庄征粮占农民总收入的40%以上。

渤海区广大群众在这次接待、安置外来军民的工作中，充分发扬了自我牺牲精神，把拥军支前看作自己义不容辞的光荣责任，表现出极高的政治觉悟。渤海区党政领导机关精心安排，发动群众，在完成繁重的支前任务的同时，集中全区人力、物力、财力，千方百计地保障供给，充分发挥了渤海区作为华东战场可靠大后方的积极作用。1947年8月，陈毅表扬了渤海区对华东战场作出的重大贡献："过去渤海区对支前工作贡献很大，今后仍继续加强工作，没有前后方共同的努力、同心同德，胜利是不可能的。"

4. 倾力支援淮海战役。淮海战役中，山东解放区人民在各级党组织的领导下，从人力、物力、财力等方面保证了战役的需要，为战役的胜利作出了巨大贡献。

淮海战役期间，山东人民积极为前线筹运粮秣，为前方将士做衣被鞋袜，组织担架队运送伤员，积极抢修铁路、公路和桥梁，保障交通畅通，全力以赴搞好通信联络。

妇女担架队

据不完全统计，整个淮海战役期间，不算后方参加支前工作的人民群众，山东解放区仅动用民工就达218.3万名；另外，使用大小车辆33.3万辆，担架5.2万副，挑子19.2万副，船4250只，汽车219辆，牲畜17.9万头；调运粮食3.9亿斤，柴草4.1亿多斤，食油72.7万斤，食盐83.9万斤，猪肉136.2万斤，白糖1100斤，咸鱼7544斤。

没有淮海前线几十万将士的浴血奋战，就没有淮海战役的胜利；同样，没有千百万人民的支援，也没有淮海战役的胜利。华东野战军司令员陈毅曾感慨地说：淮海战役的胜利，是人民群众用小车推出来的。

（二）优待抗属

1. 抚养部队子女。战争时期条件艰苦，随军部队人员子女的抚养就成了一个大问题，让幼小的孩子随军转移是不现实的，抗战将士们只能将大部分孩子托付给当地的老乡抚养。

（1）创办战时托儿所。1939年6月，徐向前率八路军第一纵队领导机关到达王换于家所在的东辛庄。王换于见抗战将士们的孩子长期跟随部队奔波，体质很差，十分心疼。9月底的一天，她向徐向前建议，将孩子们分散到可靠的群众家中代养，这样既能很好地照料孩子，打起仗来也好掩护。这个建议得到了徐向前的支持。于是，王换于在当地党组织的协助下办起了战时托儿所，抚养了27个孩子。

对于战时托儿所的每一个孩子，王换于都用生命来呵护。一次，她到西辛庄看望寄养的孩子时，看到一个烈士的孩子没有奶吃，瘦得不像样，就把孩子抱回家，交给正在哺乳期的二儿媳。此时二儿媳正抚养着孙子和另外几个抗日将士的孩子，奶水显然不够吃。王换于含着眼泪叮咛："这个孩子是烈士的后代，让咱的孩子在家吃粗的，把奶给这个孩子喝吧……咱可不能让烈士断了根呀。"

王换于仅是千千万万个沂蒙母亲的典型代表，还有更多的沂蒙母亲为了抚养革命后代，历尽艰难困苦，饱受身心折磨，有的人甚至隐姓埋名，至今仍不被世人所知。她们的事迹同样可歌可泣，震撼人心。

（2）成立胶东育儿所。1941年冬，胶东行署和胶东妇联在荣成县筹办了胶东医院育儿所。1942年7月，更名为胶东育儿所。9月，育儿所机关迁至田家村。当时育儿所的主要任务是收养战争遗孤和无法随军的干部子女。

乳母们用甘甜的乳汁哺育着孩子，用生命保护着孩子。1942年9月，东凤凰崖村的姜明真，自己的孩子刚满8个月，但为了哺育育儿所的孩子，她毅然给自己的孩子断了奶，从育儿所接来刚满两个月的福星。两个月后，日军来"扫荡"，姜明真带着福星和自己的孩子藏在山洞里。可是，两个孩子在一起，只要喂一个，另一个见了就哭闹。为了避免暴露目标，姜明真狠下心，跑着把儿子送到另一个无人的山洞。刚返回来，敌机就开始轰炸了。她紧紧地搂着福星，依稀听到了自己孩子的哭声。婆婆心急如焚，硬要过去看看，她忍痛劝阻了婆婆。日军撤走后，她抱出自己的孩子，发现孩子已经奄奄一息了，抱回家没几天，孩子就夭折了。姜明真强忍着丧子之痛，把全部的爱倾注到福星身上，一直把福星抚养到3岁，后被其父母领走。在那几年，姜明真先后收养过4个八路军子女。

在血雨腥风的战争年代，300多名乳娘和保育员先后养育了1200多名革命后代。在日军不断"扫荡"、驻地经常迁徙等极端艰苦的条件下，胶东育儿所的孩子无一伤亡。乳娘们用大爱书写了一段人间奇迹。

2. 帮助抗日军属发展生产。如果抗属的生活问题解决不好，战士在前方就不稳定，就会影响军队战斗力。山东人民在提高抗属政治地位的同时，注重为他们提供物质上的保障，特别是帮助他们发展生产。据《大众日报》报道，寿光县牛头镇主动帮助抗属发展生产，集资1.66万元买回棉花，组织起140余人的抗属纺棉组，向抗属发放救济粮1600斤。另外，村行政委员会将几百户抗属男女劳力编为12个生产互助组，同时组织了12个代耕组帮助抗属互助组进行生产，并在“老龙窝”进行开荒，计划将生产的粮食用于救济抗属。1943年至1945年，山东各抗日根据地共优待抗属粮食5529.84万公斤，优待47.96万户。

为抗属代耕也是抗日战争时期优待军属的一种主要形式。为解决劳力问题，对于无劳力、少劳力的抗属家庭，由农民代耕其土地，有些地区组织变工组吸收一家或两家抗属参加，无代价地帮助抗属耕地。同时，还帮助抗属拾草（儿童团）、扫院子（妇救会）、挑水（青救会）、盖房子等，并保证抗属子弟上学受优待。在1943年春耕中，滨海地区的群众纷纷组织代耕队，帮助抗属春耕。莒中垛庄区某代耕队队员高兴地说：“给抗属耕地是光荣的事，咱们得加劲干。”沭水兴云区杨家湖村先给抗属耕种，4天内就给抗属耕完了20亩地。

据统计，1943年至1945年，鲁中、鲁南两个行署共组织代耕队1746个、人员9387人，代耕土地1.84万亩。广大人民群众为党和军队提供了源源不断的人力、物力和财力支持，为革命战争的胜利提供了坚强的后盾，为中国革命取得最终胜利作出了巨大贡献。

（三）拥军典型——沂蒙红嫂

面对残酷的战争，勤劳朴素善良的山东妇女勇敢地拥军支前、参军参战，成为战争时期不可忽视的一支重要力量，形成了让全国人民印象深刻的妇女英雄群体——沂蒙红嫂。

1. 明德英乳汁救伤员。明德英出生在山东沂南的一个贫苦家庭，年幼时因病致哑。1941年冬，日伪军包围了驻沂南马牧池村的八路军山东纵队司令部。11月4日，八路军的一名小战士在反“扫荡”突围中身负重伤。明德英机智地救下了小战士，并为他包扎了伤口。当搜捕的日军走后，伤员因失血过多，缺水休克，在周围没有水源的情况下，正在哺乳期的明德英，想都没想就把乳汁挤了出来，喂战士喝下去。随后，她又和丈夫李开田倾其所有，收养伤员半个多月，使其康复归队。

1943年初，年仅13岁的八路军战士庄新民在一次突围中与部队走散。他与许多逃难的群众一块被日军抓住。由于庄新民当时穿着便衣，年龄又小，没有引起敌人的怀疑。日军逼着被抓的群众为他们向泰安城运送抢来的牛和驴。在这些被抓群众中就有明德英的丈夫李开田。一个月后，被抓的群众被日军释放。庄新民脚上和腿上的伤口化脓流血，走路困难，身体非常虚弱。看到庄新民这个样子，李开田二话没说，背起他就向家走去。经过几百里的长途跋涉，两人终于回到了家。由于长时间的疲累、饥寒，以及伤痛的折磨，庄新民已经奄奄一息。明德英对他百般照顾，将土豆切成条烧熟后拌上芝麻盐给他吃。明德英用盐水和中草药烫洗和治疗庄新民的腿，最终把他从死亡线上救了回来。经过一段时间的调养，庄新民的伤口渐渐愈合，身体也基本恢复了。为了不再给明德英家添麻烦，庄新民依依不舍地含泪告别救命恩人，返回部队。2009年9月10日，明德英被中央宣传部、中央组织部、民政部、全国妇联等11个部门联合评选为“100位为新中国成立作出突出贡献的英雄模范人物”之一。

2. “沂蒙六姐妹”拥军支前忙。蒙阴县野店镇烟庄村的张玉梅、伊廷珍、杨桂英、伊淑英、冀贞兰、公方莲，被人们誉为“沂蒙六姐妹”。孟良崮战役期间，她们倾其所有，拥军支前。为了做军鞋，冀贞兰把自己的新衣服大襟撕下来做了鞋面。孟良崮战役打得异常激烈，六姐妹不顾个人安危，冒死完成了向前线运送弹药、向后方护送伤员的任务。在整个孟良崮战役期间，她们带领全村为部队烙煎饼15万斤，筹集马料3万斤，洗军衣8000多件，做军鞋500多双。1947年6月10日，鲁中区党委机关报《鲁中大众》以《妇女支前拥军样样好》为题，报道了这个模范群体。从此，“沂蒙六姐妹”的名字传遍了整个沂蒙山区。

妇女为前线纺线织布

影像推荐

电影《沂蒙六姐妹》

电影《沂蒙六姐妹》由山东电影制片厂等联合出品，于2009年上映。影片以发生在沂蒙老区的孟良崮战役为背景，讲述了沂蒙女性的杰出代表——“沂蒙六姐妹”带领全村人民倾力支援前线的感人事迹。该影片曾荣获第十一届精神文明建设“五个一工程”奖。评委会专家们认为，该片以唯美且极富艺术性和感染力的表现手法，完美诠释了伟大的沂蒙精神，歌颂了无私奉献、敢于牺牲的沂蒙女性。

3. 战斗英雄侍振玉的感人事迹。临沭县岌山区曹庄的侍振玉，先后任区民兵自卫队队长、区联防队长、区武装部干事。1947年秋天的一个早上，大雾弥漫，500多个敌人突然向曹庄奔袭而来。侍振玉正带领几名女民兵在曹庄村头站岗巡逻，而区里的干部和民兵都在地里忙秋收，来不及集合。军情紧急，侍振玉当即把8名女民兵分成两路，一路监视敌人的动静，引诱敌人进入雷区，自己则带另一路火速赶到岌山岭下埋了8窝子母雷，并插上了三四块写有“打倒蒋介石”“消灭蒋匪军”等口号的牌子，同时派人通知县独立营火速前来阻击敌人。约有一顿饭的工夫，大批敌人蜂拥而至。他们走到雷区，看到标语牌，气得暴跳如雷，刚把标语牌拔掉，便听到“轰轰”的连声巨响，十几个敌人当场毙命。当时恰好县独立营赶到，敌人被打得狼狈逃去。1949年4月，侍振玉出席了中国新民主主义青年团第一次代表大会，被授予“女民兵战斗英雄”光荣称号。她是华东民兵代表中唯一的女性。毛泽东在接见这些民兵代表时，紧紧握住侍振玉的手说：“你们华东女子苦呦，淮海战役打得很苦，你们民兵立了大功呦！”

革命战争年代，在党的领导和培育下，广大山东女性把吃苦耐劳、勇敢善良、舍己为人的淳朴品质与坚定的理想信念、大无畏的革命意志结合起来，创造了伟大的沂蒙红嫂精神，使其成为沂蒙精神的重要组成部分。

研学基地

沂蒙红嫂纪念馆

沂蒙红嫂纪念馆位于临沂市沂南县马牧池乡著名的“红色堡垒村”——常山庄村，占地面积100余亩，是国内迄今唯一全面、系统地介绍红嫂的专题纪念馆，生动地介绍了红嫂群体的感人事迹。

学习思考

1. 简述山东根据地的战略地位。
2. 谈谈沂蒙红嫂的哪些优秀品质最能让人感动。

第五章

创新创造——沂蒙精神的法宝

创新是一个民族进步的灵魂，是一个国家兴旺发达的不竭动力，也是中华民族最深沉的民族禀赋。沂蒙精神蕴含着创新创造的因子。山东党组织在组织体制、民主制度、群众工作、战略战术上都有重大创新。

一、组织体制创新

在抗日根据地的建设过程中，山东抗日根据地是全国唯一以独立省份名称命名的根据地。1942年以后，山东党政军首脑机关均驻扎在沂蒙山区。沂蒙山区成为整个山东抗日根据地的中心。解放战争时期，山东解放区是粉碎国民党军重点进攻的两个解放区之一。山东抗日根据地和解放区的建设都没有先例可循，在摸索中不断前进，形成了组织体制的创新。

（一）创建战时工作推行委员会

全面抗战初期，中共山东地方组织在领导各地武装起义的同时，建立了一批抗日民主政权。1940年，山东抗日根据地政权建设工作进展加快。到1940年7月，山东抗日根据地成立了1个行政主任公署，

9个专员公署，66个县级抗日民主政府，近300个区、乡抗日政府。

随着形势的发展，建立全省统一的行政机关、参议会和各群众抗日团体领导机关的条件成熟了。1940年7月26日，山东省各界联合大会制定了《山东省战时工作推行委员会组织大纲》，选举产生了全省统一的行政权力机关——山东省战时工作推行委员会。张经武、李澄之、黎玉、罗舜初等23人当选为委员。山东省战时工作推行委员会下设政治、军事、财政经济、教育、民众动员5个组，黎玉为首席组长（1941年3月，首席组长改称主任委员）。山东省战时工作推行委员会的成立和各级抗日民主政权的建立，标志着山东抗日根据地的正式形成。9月2日，山东省临时参议会举行全体会议，审议通过了《山东省战时施政纲领》。该施政纲领提出，要坚持抗日民族统一战线，发展根据地，实行民主政治，发展经济，改善人民生活，促进新民主主义文化事业发展，广泛组织工农、妇女、青年，厉行锄奸政策。会议还讨论通过了《山东省战时县区乡村各级政府组织条例》。

9月13日至11月12日，山东省战时工作推行委员会举行全省行政会议，进一步对政权工作作了总结，提出了今后政权工作的具体任务，并强调：抗日民主政权要坚持中国共产党的领导，保持抗日民族统一战线性质；要继续扩大政权区域，加强对抗日军事工作的领导，健全与扩大地方武装，发展八路军主力部队；要按照新民主主义的政治、经济、文化纲领，制定完善的法规政策，实现抗日民主政权的政令统一；要领导根据地的政治、经济和文化建设，全面发展、巩固抗日根据地，并与日本的殖民地政策做坚决斗争。

1945年8月13日，山东省临时参议会和山东省战时行政委员会在莒南县大店镇召开会议，决定将山东省战时行政委员会改称山东省政府。这是中国共产党在全国解放区成立的第一个省政府。1949年3月，山东省政府改称山东省人民政府。

（二）创造“山东经验”

1. 创全国解放区审判外国人之先例。1947年5月23日下午，联合国善后救济总署（以下简称“联总”）驻烟台办事处美籍工作人员史鲁域琪，驾驶一辆中型吉普车自东森林路向南疾驰。人力车夫杨禄奎正好拉着人力车由南向北行驶。史鲁域琪见状，并没有减速，而是纵车疾驰。杨禄奎虽然急忙靠马路右边躲避，但仍遭到吉普车的猛撞，人力车当即被轧毁，杨禄奎被撞倒在地，血流满地，其状惨不忍睹。史鲁域琪被周围人拦住，被迫将杨禄奎送到附近医院抢救。时任烟台市市长姚仲明闻讯后，前往医院探望杨禄奎，请医院尽力抢救。当晚11时，杨禄奎因伤势太重，抢救无效死亡。而史鲁域琪倚仗自己是外国人和“联总”的工作人员，拒不认错，态度十分蛮横。

中共烟台市委、烟台市政府立即将这一案件报告给中共华东中央局和中共胶东区委。上级很快作出指示：由中共烟台市委根据有理、有利、有节的精神，从实际情况出发进行处理。5月24日，姚仲明与“联总”驻烟台办事处代表李普尔举行首次谈判，双方商定成立由5人组成的治丧委员会。5月26日上午，烟台市党政军民代表及“联总”有关人员500余人，隆重公祭杨禄奎。姚仲明和“联总”代表李普尔分列灵车左右，执绋缓行。史鲁域琪按当地习俗，披麻戴孝，紧随死者家属之后。此后，李普尔就杨禄奎事件在《烟台日报》上公开道歉，并保证不再发生类似事件。美方向杨禄奎家属赔偿255万元北海币（约3400美元）。6月16日，烟台市地方法院组成临时法庭，对史鲁域琪交通肇事一案进行审判。被告史鲁域琪因过失伤害致一人死亡，最终被判处有期徒刑两年。史鲁域琪在《烟台日报》上公开发表悔过信。

杨禄奎事件是在中国共产党领导下的解放区审判外国人的第一起案件，开创了解放区司法审判外国人的先河。

2. 创造接管城市的“济南经验”。在济南战役前，中共华东中央局及各级党组织为济南解放和接管做了大量准备工作。1948年9月7日，中共华东中央局召开济南市接管工作会议，组织部部长张鼎丞在会上宣布，成立济南市接管委员会。9月16日，济南战役打响。9月21日，中共华东中央局发出《关于接管济南的工作指示》，宣布成立中国人民解放军华东军区济南特别市军事管制委员会（简称“军管会”），统一领导全市军事、行政、交通管理事宜及一切接管工作。军管会的成立，标志着接管济南的组织准备工作基本完成。

1948年9月23日，济南尚未全部解放，接管人员即紧随攻城部队，冒着炮火分东西两路陆续进入市区，在军管会的统一领导下，代表人民对这座历史文化古城开始全面接管。9月24日，华东野战军攻占济南。9月25日，中国人民解放军华东军区正式颁布《约法七章》，宣布城市接管的各项政策。济南特别市军事管制委员会和中共济南特别市委员会同时入城办公。军管会由谭震林任主任，曾山任副主任，下设16个部，分别进行接管工作。9月29日，济南特别市政府和济南特别市警备司令部正式成立，郭子化任市长，袁仲贤任司令员，刘顺元任政治委员。整个接管工作在军管会、市委、市政府的领导下紧张而有序地进行。在接管中，军管会等主要开展了以下几个方面的工作：恢复整顿市容秩序；肃特与进行反动党团登记；稳定金融秩序；搞好复工、复业、复课；开展社会救济，安定人民生活；民主建政，建立群众组织。

1948年冬，中共华东中央局政策研究室将在此次接管中形成的“济南经验”进行书面总结后上报中共中央，得到了中共中央的肯定，并由中共中央转发各中央局，供各地在城市接管工作中参考。

3. 成功接管海关。威海、龙口、烟台、石岛海关是新中国接管的第一批海关。1945年8月16日，威海解放，威海民主政府派员到海关开展接收工作。旧海关各部门负责人开列清单，分别清点交接。威海民主政府共接收旧海关职员32名，后又派干部前往海关协助接收整顿工作。8月18日，龙口解放，随军入城的龙口市工商局接收海关，并负责掌管日常工作。同时派员接收了龙口海关下属蓬莱城、栾家口、庙岛3个分卡，共接收旧职员56名。8月20日，石岛解放，石岛工商局接收了胶海关石岛分卡，接收旧职员8名。8月25日，烟台解放，次日完成海关接收，接收旧职员69名。

接收威海、龙口、烟台、石岛海关后，当地民主政府着手建立新的人民海关。11月21日，旧海关职员被全部留用，恢复原职工作，入城干部任副职。关税征收使用新制定的税率计征。

这是中国共产党接管建立的第一批人民海关，之后，陆续又在山东渤海、滨海、滨北等解放区建立了人民海关。这一时期，山东解放区的海关培养了大批人民海关干部。烟台海关后来被称为“新中国海关干部的摇篮”。在人民解放战争进程中，山东解放区海关干部随军南下，参与接管南方各口岸旧海关，为建立新中国海关作出了重要贡献。

二、民主制度创新

山东根据地建立民主政权之后，积极探索实施民主制度，很多制度都是全国首创。

（一）全国第一部人权保障条例

抗日民主政权的建立，既是对国民党一党独裁的否定，也是对共产党民主执政的考验。对于没有执政经验的山东党组织来说，建立抗日民主政权更是一个严峻的挑战。

1940年9月，山东省临时参议会通过了《山东省战时施政纲领》，举起了依法施政的大旗。该纲领公布之后，山东省临时参议会和山东省战时工作推行委员会即依据“抗日、民主”这一总原则和纲领的规定，陆续制定了一系列法令、法规和条例。从1940年8月至1945年8月，共制定法令、法规、条例53部。它们经实际执行，得到了广大民众的热烈拥护。

为切实保障根据地人民群众的民主权利，1940年11月11日，山东省临时参议会通过并公布施行《人权保障条例》。《人权保障条例》是中国共产党历史上第一部专门涉及人权保障的条例，开创了新的政治秩序，人民群众实现了政治上的翻身解放，真正感受到自己在当家作主，从而真正达到了动员百分之九十以上的工农大众投身抗战的目的。通过民主建设，人民群众一改过去受压迫、受剥削、受欺凌的境况，享受到了从未有过的自由和平等。1948年联合国大会通过的《世界人权宣言》中的许多内容也与《人权保障条例》的内容存在相同之处。该条例的施行说明，即使是在残酷的战争环境中，中国共产党领导的山东抗日民主政权对人权问题也是高度重视并给予保障的。

知识广角

《人权保障条例》的内容

《人权保障条例》(以下简称《条例》)共12条，主要包括5个方面的内容：

一是阐明了制定条例的宗旨。《条例》首条开宗明义："发扬民主，动员全民参战，贯彻法律保障人权之真精神。"二是规定"凡中华民国国民，无男女、种族、宗教、职业、阶级之区别，在法律上、政治上一律平等"。三是规定了人民群众享有的四项权利和四大自由，即选举、罢免、创制、复决的权利，身体与抗日武装的自由，居住与迁徙的自由，言论、著作、出版、集会、结社与通信的自由，信仰宗教与政治活动的自由。四是对国家公权力限制个人权利的行为进行了明确界定。《条例》第六条规定："人民因犯罪嫌疑被逮捕和拘禁者，其执行逮捕或拘禁人机关，至迟应于二十四小时内移送审判机关。"第七条规定："凡人民因犯罪嫌疑有逮捕之必要者，非持有逮捕状不得逮捕之，县以上之政权机关，团以上之军事机关，有签发逮捕状之权。"第八条规定："区乡村政府各群众团体，除对现行犯及涉有重大嫌疑而有逃亡之虞者外，不得径行逮捕或拘禁。"第九条规定："凡经判处死刑之罪犯，非经主任公署批准后不得执行，若无主任公署之地区，须得专员公署之批准，县政府不得径行执行。"五是对国家工作人员的违法侵权行为依法给予制裁。第十条规定："凡各级公务人员违法侵害人民之自由或权利者，除依法惩戒外，应负刑事及民事责任，被害人民就其所受损害，得依法律请求赔偿。"

（二）以“豆选”为代表的民主选举实践

《山东省战时施政纲领》规定了选举、罢免、创制、复决等4项权利，村以上各级政权一律民选；规定成立各级参议会等民意机关。随后，山东省临时参议会先后颁布了各级参议会的选举条例和组织条例、各级政府组织条例、村政组织与工作决定、选举工作大纲等文件，各地的参议会和政府，都按照这些条例实行民主选举。1941年8月，山东省战时工作推行委员会决定取消乡一级政权，以村为政权的基层组织实行行政村制。民选政权时，乡以上实行间接选举，村级政权采取直接选举。村民直接选举村政权，是中国基层社会一场深刻的政治变革。

1942年夏，莒南县某区通过农代大会“豆选”委员，积累了经验。大会上，主席团首先了解各村积极分子，召集各村代表小组的组长，详细说明大会选举的意义、怎样提出候选人等，各组再进行动员。会议要求选举出5人，由主席团提出候选人3名，各村代表提出6名，经当场一一介绍并获通过后，各小组再次讨论候选人的经历、在斗争中的表现，然后投票选举，采取“豆选”的方式得出选举结果。这种选举方式，代表们都很满意。

“豆选”现场

“豆选”看似简单，但政治意义十分深远。它的生命力来自选举人的意愿，它使广大贫苦民众能够选举出自己信得过的人组成基层政权，使广大民众的民主权利得到实现。

知识广角

“豆选”

“豆选”，就是用豆子作为选票来表达和实现选举者意愿的一种村民直选的选举形式。当时，由于农民中文盲占相当大的比例，所以就采用了“豆选”这种独特的选举方式。为了让每个村民都能表达自己的意志，行使选举权，许多地方采用“豆选”的方式。比如，某村有9名候选人，要求选出5人。“豆选”时，主席台上可以放9个碗，分别贴上候选人的姓名，并发给每位代表5颗豆粒。主席介绍候选人，每提出1人，各组招待员每人捧一个碗从代表面前走过，赞成者就把豆粒投入碗中，招待员再把碗中豆粒转投入该候选人的碗中。如此进行9次投放。在监票人的监督下，计算各候选人获得的豆粒数量，最后根据豆粒的多少来确定谁当选。村民手中的豆子代表了神圣的选举权利，这在选举上是一种创新。

（三）民族工作的全国示范

抗战时期，山东根据地有30多万名回民，敌占区有百万名以上的回民。中国共产党一直非常重视回民工作，积极实施民族平等和民族自治政策。1943年9月13日，中共中央山东分局下发《中共山东分局关于回民工作指示》，号召凡是有回民的地方，均须马上开展工作。该指示的主要内容有以下五个方面：一是干部问题的解决，二是回民抗战救国联合会的建设，三是城市工作的开展，四是扩大回民武装组织，五是推动回民自治和参政。1945年8月15日发布的《中共山东分局关于回民工作的决定》指出，必须进一步团结回民，扩大回民武装，加强回民干部建设，遵守回民风俗习惯，在党内建立回民工委会，在党外建立回民救国会。

1. 建立山东省回民协会。1945年9月7日，《解放区山东省回民协会组织章程（草案）》发布，标志着中国共产党领导下的第一个省级回民协会的成立。协会的组织原则是民主集中制，民主决策机关是代表大会，大会闭幕时由执行委员会秉承大会意旨行事。执行委员会推5人至9人为常委，执行执委会的一切决议。常委会设主任委员1人，总理日常工作。回民协会在战略区设分会，战略分区设支会，县设支分会，以下直接设村会。解放区山东省回民协会是在中共中央山东分局领导下的、为组织和团结回民成立联合政府的一个少数民族团体。

2. 实现回民自治。1946年6月15日，《中共华东中央局关于回民工作的指示》出台之后，山东解放区各区行政公署开始制定相关政策。1946年7月20日，渤海行政区出台了《渤海区行政公署关于回民自治的决定》，在渤海区"实行回民自治，建立各级回民自治政权"。其中，"纯回民村一律实行村自治，由回民管理村政"，"三个以上的回民自治村相联时，成立回民自治乡，由回民自己选举组织乡公所，受区公所领导"。决定强调了回民自治的意义，称"回民自治是我民主政府对少数民族平等政策一个极忠实的表现，回民自治以后，不仅可以使回民按着自己的民族特点建立民主的政治生活，达到不受任何束缚和限制，同时还可以使回民按着自己民族的特点改进和繁荣经济生活，可以充分地适应大众的需要"。

山东解放区的回民自治政策，最核心的一点是在农村设立回族自治村，相邻的几个回族村庄设立回族自治区，在城市的回民聚居区设立回族自治区。自治区、自治乡和自治村的设立，是中共中央山东分局实行民族区域自治的初步尝试，也是在全国各解放区中最早实施的民族区域自治。山东解放区通过落实中国共产党的民族政策，在回民聚居区普遍实行民族自治，极大地团结了广大回民同胞，让回族群众真正当家作主，充分调动了广大回族群众参军参战、保卫胜利果实的积极性。

三、群众工作创新

（一）“庄户学”与自学互教运动

“庄户学”与自学互教运动起源于滨海区莒南县。1943年秋，青年教师张建华到莒南县洙边区刘家莲子坡村创办小学。起初，他按照正规小学的做法管理学生。可是不久后，原有近40名学生的教学班只剩下了四五名学生。他追踪了学生的去处，发现绝大多数贫苦农民的孩子都去参加家庭生产劳动了。于是他决定暂时停止课堂教学，到田间、山坡与孩子们在一起，趁机教他们识字，然后根据孩子们的不同劳动任务，把他们分成若干小组，适当安排劳动和学习任务。天气好就在田间、山坡前轮流给他们上课，天气不好就一起回到教室读书，解决了读书与参加劳动的矛盾。村干部和学生家长称赞这种教学方法很合庄户人的心意，像个庄户学堂，于是取名为“庄户学”。其后，莒南县抗日民主政府发出通知，决定在全县推广“庄户学”。各村按照刘家莲子坡村的做法，把原来的小学、识字班办成“庄户学”，使“庄户学”从儿童教育阶段逐步发展到成人教育阶段。全县很快出现了“子教母、姑帮嫂，自动学、互相教”的学习文化局面。

金沟官庄是莒南县的一个偏僻乡村，全村有173户784人（1946年统计数据）。抗日战争时期，在中国共产党的领导下，金沟官庄村民打击日本侵略者，肃清土匪，进行减租减息，村民在经济、政治上翻了身，但是文化仍旧非常落后。例如，1943年以前，全村只有11人念过私塾，只有1人能写写算算。1943年山东抗日根据地发出“一切通过冬学”的号召后，金沟官庄采取多种教育形式，如识字班、民校、黑板报、读书组等，开展群众性自学互教运动，创造了农村文化建设的好经验。

经过3年的发展，金沟官庄成为一个名副其实的庄户学校。据1946年的调查，全村共有5块黑板报，每5天更新一次，有3个青年学习室，2—3个妇女纺纱自学室，许多屋子门口都挂着识字牌。全村的青年男女分为甲、乙、丙、丁4个班上课。6名村干部在村办公处学习，有的学写通知，有的学写介绍信，有的学记账。农民班有26人，除每周随农会会员（共72人）上一次政治课外，自愿想学识字的由小先生（指一面跟老师学习一面教别人的人）教。全村61名中年妇女，每5天上一次政治课，内容多是读报，传达任务，讲时事和卫生知识。如果她们愿意学识字，就编成学习小组，由识字班的学员们教。80余名老年妇女也是每5天上一次政治课，可以不学文化。以上这些课程，全部由村干部授课，而且全年不间断，只有农忙时才放假。

金沟官庄的农村文化建设在山东老解放区具有典型意义。完成土地改革后，根据地群众翻了身，生活得到改善，文化教育事业广泛发展，这是中国文化教育史上的一个新开始。

（二）立功运动推行全国

解放战争初期，面对国民党军队的强大攻势，要取得战争的胜利，既需要前线军队奋勇杀敌，也需要后方群众积极支前和发展生产，在不同的岗位上尽最大努力。1946年夏，华中野战军第二师和山东民兵首先开展了自发性的立功运动。

1946年10月，山东人民武装自卫委员会、山东军区人民武装部作出《关于开展“立功运动”的决定》，发出了“每人立一件功劳”的号召。同时，山东军区与山东省政府联合颁发《关于山东民兵自卫队开展“立功运动”暂行办法》，规定了前线参战民兵、边沿区民兵、敌占区民兵、新区民兵和后方民兵立功的内容、条件、标准以及立功的等级与评功的权限等，提出“为发扬全山东民兵自卫队的革命英雄主义，在第二次自卫战争中‘每人立一件功劳’，以争取第二次自卫战争的彻底胜利”。12月25日，新四军兼山东军区司令部、政治部颁布《立功运动暂行条例》，提出了立功运动的评奖组织、功劳种类及立功标准、英模的表彰及待遇等。当时的立功运动主要集中在军事方面，诸如参战、剿匪、清特、保卫政权机关及军事设施等。

1947年1月15日，中共华东中央局发出《关于广泛开展立功运动的指示》，提出开展立功运动的“四个必须”。第一，必须正确认识立功运动是一种群众性运动，是创模的进一步发展，是创模运动的更加普遍化、全面化、中国化。第二，必须在全党、全军、全政、全民中进行普遍深入的思想动员，启发自觉性，深刻认识为什么要立功、为谁立功、什么是功、怎样立功等基本问题。第三，必须有一套具体的组织工作与严明的赏罚制度。第四，为人民立功，还要由人民来论赏，因此一切评功、表扬、授奖必须由群众民主讨论通过。

1947年2月15日，山东省政府颁布《山东省人民立功运动暂行办法》，对敌占区人民的立功、作战区人民的立功、解放区人民的立功、妇女的立功、民夫的立功、集体立功等，规定了具体的内容与标准，把立功运动的主体范围由原来的民兵、民工扩大到全民全行业。同月，山东省政府还颁布了《山东省人民立功运动评功给奖暂行办法》，对群众性立功的等级、评功的办法、记功的权限等作了明确规定。省政府两个“暂行办法”的颁布与实施，标志着山东解放区的立功运动从单纯的军事领域转向了全民各行各业，成为支援解放战争的群众性政治运动。

在中共华东中央局和山东省政府的号召和推动下，山东解放区的群众性立功运动迅速开展起来。支前民工开展的立功运动是山东解放区群众性立功运动的重要组成部分。平邑县担架队在行军路过家乡时，提出“过家门不入立一功”的口号，全队无一人开小差，1200多名担架队员在莱芜战役中立功，被上级授予“陈毅担架队”的光荣称号。被华东野战军第二纵队授予“钢铁担架队”光荣称号的莒南县担架队，在随军转战滨海、鲁中、昌潍等地的8个月中，参加

平邑县一区担架队，行经苏、鲁、冀、豫、皖5个省，行程4810公里。图为担架队向淮海前线运送物资，接送伤员

了孟良崮、南（麻）临（朐）等几次重大战役，先后有5800人立功，占全队总人数的98%。

普遍开展的群众性立功运动，大大改善了山东解放区党政军民的精神面貌，提高了军队和群众的热情，使前线的战斗和后方的生产都取得了很大成效。群众性立功运动在全国各解放区更加广泛、深入地开展起来，进一步加快了解放战争胜利的进程。

四、战略战术创新

在残酷的战争面前，山东军民充分发挥想象力，结合实际，创造性地发明了多种抗击日伪军的战法，铁道游击队、地雷战家喻户晓，“翻边战术”成效显著，莱芜战役、孟良崮战役更是生动地诠释了大规模运动战和歼灭战的真谛。

（一）民兵使用多种战法抗击日伪军

八路军山东军区在整编部队和实行主力部队地方化之后，放手发动群众、武装群众，大力加强了民兵建设，坚持独立自主的抗日游击战争，英勇地与日伪军作战。山东民兵在主力部队和地方武装的支持下，结合地方实际，运用多种战法抗击日伪军，给日伪军以沉重打击。

鲁西军民改造地形，坚持平原游击战。鲁西地区村庄稠密，围寨坚固，各反动势力利用围寨对抗八路军。日军在伪军的配合下，经常使用骑兵、汽车、坦克对鲁西平原各村庄进行破坏。为坚持平原抗战，鲁西地区党政军一起动员，深入发动群众挖沟、破路、破围寨，开辟了平原作战新战场。

至1938年12月底，东平县西部地区除敌人据点外，能走汽车和大车的路，都被改造成了宽约2.6米、深约1.3米的抗日道沟，部分大村镇的围寨被破除。巨野、曹县、郓城、寿张、东平等县，除日伪军据点外，能走汽车和大车的路，也大都被挖出了同样尺寸的抗日道沟，以阻止日军汽车通行，同时又便于己方部队在沟内隐蔽行动，开展游击战。

鲁西平原地区开展的破路和改造地形工作，对反“扫荡”以及坚持平原抗战都起到了重要作用。鲁西军民改造地形，开展破路工作，在广袤的平原上布下天罗地网，使日军的汽车、坦克、骑兵不能进入。这样，通过改造地形，既可以利用道沟与敌人周旋、坚持斗争，又能够利用道沟保护人民的生命财产。抗日道沟成为坚持平原地区抗日游击战争的有力保障。

铁道游击队是抗战时期活跃在山东枣庄一带的抗日武装。1938年3月，日军占领枣庄后，其所作所为激怒了以洪振海等人为代表的枣庄铁路工人。11月，洪振海召集自己的6个弟兄，建立了名为“枣庄

影像推荐

电影《铁道游击队》

电影《铁道游击队》，由上海电影制片厂出品，于1956年上映。该影片主要讲述了抗日战争时期，在鲁南铁路沿线有一支游击队，他们在队长刘洪等人的组织下，配合主力部队，破坏日军铁路运输，有力地打击敌人的故事。这支游击队还被当地百姓亲切地称为“飞虎队”。影片情节曲折、险象环生、扣人心弦，具有很高的观赏价值。其插曲《弹起我心爱的土琵琶》被人们广为传唱，是中央宣传部2019年遴选出的“庆祝中华人民共和国成立70周年优秀歌曲100首”之一。

铁道队”的秘密抗日武装。他们打死日本特务，从火车上截获了十几支步枪和两箱弹药，因此名声大噪，在不到两个月的时间内就发展成了一支拥有30余人的民兵队伍。1940年，这支由铁路工人组成的抗日队伍，正式被八路军鲁南军区命名为“鲁南铁道队”。洪振海任大队长，王志胜任副大队长，苏鲁支队三营副教导员杜季伟任政治委员。铁道游击队迅速发展成为一支近百人的队伍。

铁道游击队有时袭击日军的押款车，有时破坏敌人的交通线，有时偷袭敌人的情报部门和据点，就像一把钢刀插入了敌人的胸膛。1940年10月，铁道游击队只用了短短几分钟的时间就把列车上的20多个日军全部消灭，缴获了8支短枪、1挺机枪、1门步兵炮，还有8万多块大洋。1941年11月，铁道游击队破坏了敌人运送布匹的列车，让后两节车厢迅速与列车分离，把车厢内的货物运送出来，共截获1200多件布匹、800多套日军军服以及毛毯、药品等物资，有力地支援了八路军鲁南军区。

1943年春，铁道游击队已发展成为一支下辖4个连队、拥有400多人的队伍，被正式编入八路军鲁南军区独立大队，并且继续在铁路沿线英勇作战。

地雷战是在反“扫荡”斗争中逐步摸索出来的作战方式。在武器装备极度匮乏的情况下，山东民兵以非凡的智慧和勇气，自制石雷阻击日军。地雷战使日军无所适从，防不胜防。在普遍开展的“飞行爆炸”运动中，民兵把大量的地雷埋到日军的交通线上和据点周围。日军出动时走大路大路炸，走小路小路炸，致使日军大路小路都不敢走。

胶东地雷战，起源于平度县大泽山抗日根据地，后普及全胶东，并在海阳县大显神威。海阳县民兵在开展地雷战中，创造了多种地雷。由最初的拉雷、绊雷、踏雷，发展到夹子雷、梅花雷、钉子雷、标语雷、头发丝雷、水雷、滚雷、真假子母雷等30余种。埋雷的方法由预埋待炸发展到飞行爆炸等。地雷战术，由单一布雷发展到送雷上门和大摆地雷阵。民兵一旦得到敌人出动的情报，就提前做好准备，在敌人经过的大小路口、山坡、树林、河滩、瓜田、菜园、门阶下、水桶底、箱子里等处，都埋下地雷。敌人走到哪里，地雷就在哪里爆炸。当时，胶东兵工厂生产的铁雷远远满足不了各地民兵的需要。海阳县赵疃村地处山区，民兵赵守福等因地制宜，就地取材，把满山遍野的石头利用起来，制造成石雷，解决了地雷数量不足的困难。海阳县文山后村民兵于化虎等，在反“扫荡”作战中创造了飞行爆炸雷，等见到敌人影子后，才选准地点埋下地雷，出其不意地打击敌人。他们还在雷坑里加埋石子、碎铁之类的物品，

村民们埋地雷的情景

大大增加了地雷的杀伤力。赵疃村民兵在斗争实践中还创造了空中绊雷，专炸敌人的指挥官和骑兵。从1943年到1945年，海阳县的地雷战大显神威，共炸死、炸伤敌人1025人，涌现出赵疃、文山后、小滩3个胶东特级模范爆炸村和于化虎、赵守福、孙玉敏3名全国民兵英雄及11名“民兵爆炸大王”。

除了众所周知的胶东地雷战外，沂蒙地区也涌现出许多爆炸模范村和爆炸大王。如莒南县温水泉村民兵爆炸队在1943年至1944年埋雷300余窝，炸死日伪军52名，缴获步枪42支、短枪2支。滨海军区授予温水泉村“爆炸模范村”光荣称号，并在全区推广他们的地雷战经验。孟良崮山下的东北村，当时还活跃着一支40多人的女子爆炸队，队长就是“爆炸模范”公成美。随着地雷战的广泛开展，地雷爆炸队伍迅速壮大，根据地几乎村村成立了爆炸组，对于伏击“扫荡”“蚕食”之敌，封锁驻扎之敌，都发挥了很大作用。

影像推荐

电影《地雷战》

电影《地雷战》由八一电影制片厂出品，于1962年上映。该影片讲述了胶东抗日根据地广大人民群众开展地雷战，配合八路军主力部队打击日本侵略者的英雄事迹。抗日战争时期，日伪军经常袭击和“扫荡”胶东的赵家庄等地，给当地造成惨重损失。赵家庄民兵队队长赵虎等人带领民兵巧摆地雷阵，用子母雷、连环雷、钉子雷等各种土造地雷打击敌人。最终，在民兵的配合下，八路军主力部队全歼进犯之敌，解救了群众。

（二）“翻边战术”的提出与实践

1942年10月22日，八路军第一一五师政委、山东军政委员会书记罗荣桓总结了历次反“扫荡”的经验，根据中共中央在抗战相持阶段开展游击战争的战略方针，明确提出了“敌人打到我这面来，我就打到敌人那边去”的“翻边战术”。

过去日军用“分进合击”的战法“扫荡”时，八路军一般是以群众条件和地理条件比较好的老区为依托，在根据地内分兵与“扫荡”的敌人周旋。日军采用“铁壁合围”的梳篦战术以后，罗荣桓认为，如果八路军仍然局限在根据地之内与敌周旋，就会处于被动挨打的局面，在包围圈步步紧缩以后，更难以突破敌人的包围。因此，为了粉碎日军的“铁壁合围”，他认为必须采取“翻边战术”，即不是将八路军的主力部队留在根据地的内部，而是将其部署在与敌人接近的边缘地带。当日军进行“扫荡”时，八路军不是向根据地的中心后退，而是趁日军的包围圈尚未紧缩，还有较大空隙时，及早跳到其后方去。在坚持边沿游击区的斗争中，组织部队和民兵打入敌占区，袭击敌人后方，开展政治攻势，打击敌伪政权，以牵制敌人对抗日根据地的“蚕食”。

1941年的留田突围是八路军成功应用“翻边战术”的典型案例。是年11月5日，驻临沂、费县、大平邑、蒙阴、沂水等地的大批日伪军，包抄了沂南县张庄镇留田村一带，妄图歼灭山东驻地党政军指挥机关。当夜，罗荣桓指挥部队趁着雾色插向敌人驻扎在临沂的大本营，“向南突围，插到敌人的心腹要地，正是出敌不意”。3000多名八路军利用夜色，至6日拂晓巧妙地闯过了日伪军多道封锁线，不费一枪一弹，不伤一兵一卒，便成功跳出日伪军的包围圈，安全转移到留田西南50里外蒙山南端的埠山庄、汪沟一带。这次突围被国际主义新闻记者汉斯·希伯赞誉为“无声的战斗”。

之后，罗荣桓立足敌后斗争形势独创的“翻边战术”，被作为军事原则得到广泛应用，使斗争一步步推进到敌人的心脏地区，为八路军在山东敌后战场赢得主动权、逐步转入反攻起了重要作用。毛泽东高度评价了这一战术：“罗荣桓的翻边战术，不是战术，是战略。他掌握山东局面以后，敌人越蚕食，根据地越扩大。”

（三）运动战与歼灭战的典范

1. 平原游击歼灭战典范——梁山战斗。当时，武汉会战后，日军加强对华北“扫荡”。1939年8月2日，日军长田敏江少佐率229名日军及伪军、民夫共330余人，携带野炮等重武器，从汶上出发企图“示威扫荡”。八路军第一一五师代师长陈光、政委罗荣桓利用青纱帐（高粱、玉米地）隐蔽，派出小股部队多次袭扰，佯装撤退。八路军充分利用青纱帐为隐蔽行军和伏击提供天然屏障，发挥军民同心的优势，当地群众提供情报、疏散掩护，甚至假扮“顺民”迷惑日军，通过“诱敌深入”战术，将日军诱入梁山脚下的独山村伏击圈。是夜，八路军特务营、骑兵连及独立旅一团共计约400人，向敌人发起总攻。部队抢占制高点，分割包围日军，采用“分割围歼战术”，利用石灰窑、车马店等地形环境展开白刃战。至次日凌晨，日军残部龟缩于独山南坡，最终被全歼。指挥官长田敏江被击毙，日军300余人毙命，24人被俘，缴获野炮2门、轻重机枪15挺等大量装备。

梁山战斗是继平型关大捷后，八路军在平原地区以同等兵力全歼日军一个大队的首例，创造了抗日战争中平原游击歼灭战的经典范例，被八路军总部誉为“模范歼灭战”。此战粉碎了日军“平原不可游击”

的论断，极大鼓舞了抗日军民的信心，巩固了鲁西根据地，其战术经验为后续平原游击战提供了重要借鉴。

2. 运动战的典范——莱芜战役。1947年1月底，国民党军统帅部制订了“鲁南会战”计划，调集近30万人，企图迫使华东野战军在临沂附近与之决战，进而完全占领山东解放区。为了实现这一战略企图，国民党军以11个整编师（军）、30个旅（师）组成南北两线兵团，以临沂、蒙阴为目标，实施南北对进、两面夹击。对此，华东野战军提出了放弃临沂、转兵北线歼敌的大胆设想，令第一、第四、第六、第七、第八纵队于2月10日隐蔽兼程北上，同时令位于胶东地区的第九纵队和位于渤海地区的第十纵队迅速向莱芜地区开进，以求围歼李仙洲部。

华东野战军各部队主力进行战略转移，经由临沂、蒙阴、新泰、莱芜东西山区小径，昼伏夜行，于2月19日秘密逼近莱芜东西两侧地区。2月20日中午至21日晨，华东野战军主力向被围的国民党军队发起进攻。首先，在和庄地区，以伏击手段歼灭了敌军第七十七师，击毙该师师长田君健，获得首战胜利；其次，攻占了莱芜城以西、以北各要点，包围口镇，攻占锦阳关。2月22日，猬集莱芜孤城的国民党军队两个军作出突围打算，华东野战军查明该动向后，在莱芜、口镇之间布成袋形阵势，待敌进至口镇、尾部离开莱芜城时聚歼之。2月23日晨，李仙洲率部向北突围，至口镇以南地区即遭到我军第六纵队一部顽强阻击。中午，国民党军队尾部离开莱芜，该城即为华东野战军抢占，敌军后路被断，前进不得。下午1时，国民党军进入华东野战军预设阵地。左右两翼预伏的突击兵团立即迅猛出击，穿插分割，逐步缩小包围圈。国民党军队顿时指挥失灵，建制混乱，溃不成军。

经过几个小时激战，国民党军突围部队大部被歼，李仙洲被俘。第七十三军军长韩浚率千余人，会同口镇新三十六师残部向博山方向逃窜，在青石关被第九纵队全歼，韩浚亦被俘。

莱芜战役仅用3天时间毙伤俘国民党军队5.6万余人，连同南线及胶济路沿线作战，共歼敌7万余人，开创了歼灭敌集团军的先例。莱芜战役后，我军乘胜扩大战果，使鲁中、渤海、胶东、滨海4个解放区连成一片。莱芜战役因此被誉为“运用运动战略的光辉典范”。

2. 百万军中取上将首级——孟良崮战役。1947年3月，国民党陆军总司令顾祝同指挥24个整编师60个旅约45万人，对山东解放区进行重点进攻。华东野战军实施“诱敌深入”的战术，主动后撤到莱芜、新泰、蒙阴以东地区。见华东野战军主动后撤，敌军产生了错误判断。第一兵团司令汤恩伯一改以往稳扎稳打的战法，不等其他兵团统一行动，即令所部北犯攻击。其中，国民党军整编第七十四师，倚仗全副美械装备，处于突前位置。

5月12日晨，华东野战军指挥部发出歼击整编第七十四师的作战命令：第一、第四、第六、第八、第九纵队担任围歼任务，第二、第三、第七、第十纵队担任阻援任务。5月13日黄昏，华东野战军主攻部队开始出击，并于5月14日晨大体形成了对整编第七十四师的包围态势。

5月14日上午，整编第七十四师师长张灵甫得知华东野战军已楔入其两翼，才判明华东野战军有围歼该师的意图，遂令军队放弃北进，尝试向整编第二十五师靠拢失败后，于当晚缩集在孟良崮、芦山地区固守。5月15日拂晓，华东野战军将整编第七十四师合围于孟良崮及其以北的狭小地区内，构成了阻击敌援的坚强防线。当时，华东野战军5个纵队包围着整编第七十四师，而国民党军却有10个整编师包围着华东野战军。迅速、全部、彻底歼灭整编第七十四师，百万军中取上将首级，刻不容缓。5月15日13时，华东野战军发起总攻，从四面八方多路展开突击。华东野战军每攻克一点，往往经过数次、数十次的冲锋，反复争夺，直到短兵相接、刺刀见红，战况激烈程度为解放战争以来所少见。国民党军于当日下午倾全力组织突围，均被打回。入夜，国民党军被压缩在孟良崮、芦山等东西3公里、南北2公里范围的几个山头上，完全暴露在华东野战军的火力之下。5月16日上午，华东野战军再次发起攻击。首先集中强大炮火，向敌军密集的山头、高地猛烈轰击，各路步兵则在炮火的掩护下，逐波冲锋，势如潮涌。激战至下午，解放

研学基地

孟良崮战役纪念馆

孟良崮战役纪念馆位于蒙阴县垛庄镇，于2007年9月27日落成。该馆总建筑面积3682平方米，高19.47米，寓意孟良崮战役发生在1947年。纪念馆的整个外形是两面红色的三角形战旗，两面战旗组成孟良崮大崮顶山形。

展馆分为战役经过、拥军支前、情景体验、多媒体放映等展厅，通过战役沙盘演示和历史图片、文献资料、战争实物的展示，让参观者全面了解孟良崮战役的过程，深入感受沂蒙人民踊跃支前、无私奉献的感人事迹。

纪念馆先后被多个单位选作传统教育和国防教育基地，并被评为山东省革命传统教育基地。

军先后攻克芦山、孟良崮和600高地。战至当日17时，全部肃清残敌。孟良崮战役中，华东野战军出动9个纵队，歼敌2万多人，国民党军整编第七十四师全部被歼，师长张灵甫被击毙。孟良崮战役成为大规模歼灭战的典范。

学习思考

1. 山东抗日根据地和解放区首创的经验有哪些？
2. 如何理解沂蒙精神中的“创新创造”特点？

第六章

自身过硬——沂蒙精神的底气

习近平总书记指出：“我们党要始终成为时代先锋、民族脊梁，始终成为马克思主义执政党，自身必须始终过硬。”沂蒙精神是中国共产党践行马克思主义群众观的光辉典范，体现了中国共产党为人民谋利益的初心，也是人民信任和拥护党的领导的具体体现。历经血与火的战争洗礼，跨越天与地的奋斗轨迹，沂蒙精神愈发展现出强大的自信和底气。

一、夯实组织基础

党政军民学，东西南北中，党是领导一切的。党领导的人民战争以及党在根据地的施政实践孕育了沂蒙精神。

（一）党组织的恢复与发展

1928年4月到1933年12月，山东党组织遭到多次破坏，大批共产党员被逮捕或杀害，山东陷入空前的白色恐怖之中。为了全面恢复党在山东的工作，1936年4月，中共中央北方局任命黎玉为山东省委书记，委派他重建中共山东省委。经过一段时期的艰苦工作，1936年5月1日，在济南四里山下的一片坟地里，中共山东省委正式成立，这成为山东党组织发展史上的重大转折。此后，在党中央的领导下，山东省委制定了正确的原则和工作方针，使全省党组织的恢复和发展进入一个新的阶段。

中共山东省委重建后，根据积极慎重的原则，在全省各地展开党组织的恢复和重建工作。1936年10月，山东省委先后任命林浩、白子明为济南市委书记。在市委的领导下，到1937年6月底，济南乡师支部、新城兵工厂支部、济南师范支部、济南高中支部、育英中学支部、济南女子师范支部、济南市立中学支部、华北中学支部、惠商职业学校支部等恢复或建立，发展党员150多名。在鲁西北地区，冠县、寿张、阳谷、临清、聊城相继建立党组织，清（平）博（平）高（唐）的党组织也恢复、重建。在鲁东地区，寿光成为第一个重新建立的县委，到抗战全面爆发前，全县党员已近100人，建立党支部10余个。在鲁南、淄博等地区，费县工委、淄博矿区（洪山矿）党支部、佛山党支部等得到恢复和重建。在胶东地区，中共胶东临时特委、中共烟台工委、牟福边区委、文登县委等积极重建并开展工作。1938年12月，党中央根据抗战形势的发展，决定成立中共中央山东分局。

从1938年底开始，随着新建区党委、地委、县委及基层党组织的不断增多，山东各级宣传组织机构得以不断完善，形成了从中共中央山东分局、战略区党委到地委、县委的宣传文化系统。

知识广角

表6-1　抗战时期党在山东创办并发行的主要报纸

名　称	创办时间	所属机构
《大众报》	1938年8月13日	中共胶东区委

（续表）

名　称	创办时间	所属机构
《烽火报》	1938年秋	中共冀鲁边区委
《大众日报》	1939年1月1日	中共中央山东分局
《群众报》	1939年8月1日	中共清河区特委
《泰山时报》	1939年10月10日	中共泰山地委
《鲁南时报》	1940年	中共鲁南区委
《湖西日报》	1940年底	中共苏鲁豫区委
《渤海日报》	1944年7月1日	中共渤海区委
《滨海农村》	1945年6月1日	中共滨海区委
《战士》		八路军第一一五师政治部
《民兵》	1943年5月20日	滨海军区政治部
《冀鲁豫日报》	1941年8月	中共冀鲁豫区委
《群力报》	1945年2月7日	胶东区各界人民抗日救国总会

（二）实现一元化领导

1938年4月，根据中共中央的部署，八路军第一一五师第五支队、第一二九师津浦支队、第一一五师三四三旅进入冀鲁边区。12月，第一一五师六八五团到达湖西地区。1939年1月，第一一五师主力进入山东境内。八路军第一一五师进入山东后，山东境内有第一一五师和山东纵队两支部队。第一一五师和山东纵队有着不同的历史和特点。第一一五师主力的前身是中国工农红军第一方面军，他们经历过土地革命、五次反“围剿”的历练，经历过长征的艰苦锤炼，具有很高的政治觉悟和军事素养，但对山东的情况不如本地人熟悉。山东纵队的成员大部分是山东人，对山东本地情况较为了解，但在成立之初缺乏实际的政治锻炼，军事装备、军事素养和军事能力存在不足。这两支部队在初期就自觉地进行融合。鉴于此，中共中央批准从第一一五师抽调2000多名作战骨干充实到山东纵队中，也从山东纵队抽调一部分人员充实到第一一五师中。两支部队形成你中有我、我中有你的局面。但是，山东抗日根据地地域辽阔，不同的武装被山川、日伪布防切割，分散在不同地域，给统一指挥带来不便。

为了改善这种状况，1939年8月，中共中央决定成立八路军第一纵队，统一指挥第一一五师和山东纵队。为统一山东党政军群领导，山东军政委员会成立，由朱瑞任书记。10月，朱瑞任中共中央山东分局书记，统一领导山东党政军群工作。

1941年7月底，陈光、罗荣桓曾致电中央军委，要求迅速统一山东的军事领导与指挥，认为我军部队在山东已取得很大发展，如果没有强有力的集中统一领导，难以适应新的形势。到1941年8月，中国共产党在山东领导的军队人数已经超过8万，但统一指挥的问题依然没有完全解决。当时，由于日伪"扫荡"加剧，山东抗日根据地面临更大的困难。为了适应战争需要，山东抗日根据地亟须加强统一领导。中共中央和毛泽东考虑到山东斗争形势严峻，经过综合考虑，决定派时任中共中央政治局候补委员、中共中央华中局书记兼新四军政委刘少奇以中央代表的身份到山东，帮助解决山东的问题。

1942年4月初，刘少奇化名胡服到达山东。通过走访调查，与山东党政军主要负责人分别谈话和查阅档案文件，掌握全面情况后，刘少奇初步形成了解决山东问题的思路。4月26日，刘少奇召集中共中央山东分局会议，帮助大家统一了认识，指明了下一步工作的方向。4月27日，他又召集人员召开了中共中央山东分局与山东军政委员会联席会议。会议决定：(1)在山东建立有力的政治军事统一领导中心，一切领导集中于中共中央山东分局，中共中央山东分局下设军政委员会。(2)八路军第一一五师师部、山东纵队司令部与中共中央山东分局合署办公，3个机关由1万余人精减到3500余人，干部统一配备。(3)山东纵队一旅拨归第一一五师建制。(4)中共中央山东分局书记朱瑞、副书记黎玉均驻第一一五师师部，与陈光、罗荣桓一起办公。

随后，中共中央山东分局连续举行会议，开展批评与自我批评。在刘少奇的指导、帮助下，山东党组织统一了对形势和工作总方针的认识，进一步统一了思想。思想的统一，大大推动了山东党政军统一领导的进程。1942年8月1日，根据中央军委的命令，山东纵队改为山东军区，归第一一五师指挥。1943年3月12日，中央军委决定：第一一五师与山东军区合并成立新的山东军区，罗荣桓担任司令员兼政委。全军区部队统一整编为13个主力团，全部实行地方化。此次精简整编，各级组织领导得力，方案措施可行，特别是广大指战员识大体、顾大局，无条件地坚决执行命令，地方政府积极支持配合，使精简整编得以顺利进行。在精简整编中，广大指战员自觉服从组织决定，表现出很高的政治觉悟。1943年8月1日，中共中央决定，中共中央山东分局书记朱瑞赴延安，罗荣桓代理中共中央山东分局书记。9月，中共中央正式任命罗荣桓为中共中央山东分局书记，从而完全实现了山东党政军的一元化领导。

(三)基层党支部整理与党员干部队伍建设

基层党支部是党的基础，也是抗日根据地的基础。中共中央山东分局始终把基层党组织建设摆到重要工作日程上，自下而上地健全党的基层组织工作。1943年1月15日，中共中央山东分局作出《关于改造支部工作的决定》，就整理与改造支部的标准、方法、方式等作了具体规定。按照中共中央山东分局的要求，中共掖县县委以四区为实验区，进行整理与改造支部工作，发动群众进行“双减”增资、反资敌、改造村政权、加强民兵建设、动员参军等工作。冀鲁边区二地委以自然村为单位建立支部，确定发展和清洗对象，严格掌握标准，做到慎重处理。通过整理和改造基层支部，达到了纯洁党的组织、提高党员认识、活跃支部生活、严格政治制度、增强组织观念的目的。

1943年3月4日，中共中央山东分局又发出《关于改造支部工作的补充指示》，要求各区党委将工作重心放在有政治经济意义的中心村庄上，从实际工作中积累经验，推动一般村庄、落后村庄的相关工作；要以自然村为单位建立党支部；要严格执行两级批准制，清洗党员必须经上两级党委谈话后决定。根据中共中央山东分局改造支部的任务，要求在群众运动中，每一个党员、每一个支部都要做群众工作，党员要成为群众工作的模范。在这次整理支部的过程中，支部党员一面认真学习，一面积极参加斗争，处处发挥模范带头作用。即使当时处在灾荒和瘟疫蔓延的严重困难时期，党员也能带领群众参加“借粮”斗争，并把能吃的树皮、树叶统筹统分；从敌占区搞到治疗疟疾的药品，也先用于为群众治病。总的来看，通过整理支部，山东的基层党支部建设得到进一步加强，为党的工作的开展打下了坚实的基础。

发展党员工作，是党的基层组织的一项经常性工作，也是加强党的建设的一项重要任务。1938年3月，中共中央作出《关于大量发展党员的决议》。山东党组织随即把发展党员作为一项重要任务来抓，中共中央山东分局对此陆续下发了多项工作指示，对发展党员、加强党组织建设进行指导。1939年10月，中共中央山东分局连续发出《关于发展地方党员指示》和《关于执行中央政治局关于巩固党的决定的指示》，强调在发展新党员时要纠正突击入党方式和干部包办方式，严格履行入党手续；要求党员发展对象主要是工人、农民及学生中的积极分子，而地主、富农、商人及其他党派，除有显著功绩的个别分子经区委以上党的机关批准外，一般禁止吸收入党；要求必须每三个月定期审查一次党员干部的成分。

除了地方党组织，军队也十分重视党的建设。比如在纵队和支队成立党务委员会，团设总支部，营设分支部，连队建立党支部，大量吸收先进分子入党，选派优秀干部充实加强各级政治工作队伍。在巩固党的组织的过程中，全国大多数地方党组织在一段时间内停止了发展党员的工作。但山东抗日根据地从实际情况出发，既巩固了党的组织，也扩大了党的队伍。山东抗日根据地的党员人数由1939年8月的5万多名发展到1940年4月的11万余名。

随着山东抗日根据地的发展，中共山东地方组织面临的紧迫任务就是迅速培养和造就大批干部。1940年6月，朱瑞在《山东党的建设问题》的报告中提出：为了大批培养干部，各级党组织要咬紧牙关，不哭穷，不求救，不喊冤，努力培养，原则是从自力更生做起。为了这一工作，从分区委一直到地委、县委、区委，都应采用自己培养干部的教育方式，如干校、流动训练班、短期训练班等，独立解决自己的“干部荒”。

一是开办党校培训班。中共中央山东分局党校从1939年开始培训干部，到1940年9月已举办4期，学员达980名。1940年10月，中共鲁中区委成立，中共中央山东分局决定将中共中央山东分局党校改为中共鲁中区委党校。12月，又建立了中共中央山东分局高级党校。二是抗大一分校为山东地方和部队培训了大量干部。培训课程中，既有军事课，又有政治课。培训对指导工作帮助很大，为培育山东地方干部作出了很大贡献。三是发挥干校、流动训练班、短期训练班的作用。鲁中、清河、胶东、鲁南等区，训练支委以上干部有万人以上（至1941年6月，达1.5万人）。这些由地方党组织主办的学校和短训班，培养和训练了大量具有一定政治素质和军事素质的党政干部。

（四）建立党员干部教育体系

抗战全面爆发后，山东党组织获得了快速发展，党员人数由1937年7月的2000余人发展到1940年4月的11万余人。加强对广大新党员干部的马克思主义教育、阶级教育和党的教育，迅速提高他们的政治思想觉悟和文化素质，成为当时各级党组织面临的一个紧迫任务。1939年10月，山东分局下发《关于执行中央政治局关于巩固党的决定的指示》，对加强党员干部的教育工作专门作出规定。1940年12月7日，山东分局制定《关于宣教工作的指示》，对党员干部的教育提出了更加具体的要求。

山东各级党组织积极落实分局的指示精神，落实各项要求和规定，进一步加强了对党员干部的学习教育工作。到1941年底，山东抗日根据地初步建立起党员干部的学习教育体系。

一是建立健全各级工作机构。党委宣传部门是推进党员干部学习教育工作的职能部门。山东各地党组织在加强党员干部学习教育工作时，不断加强对宣传部门的领导，尽力配强配好宣传干部，初步建立起比较健全的党员学习教育工作机构。按照分局的指示精神，全省县级以上党委均设立宣传部。宣传部在同级党委的直接领导下工作，并对下级宣传部进行工作指导。宣传部一般下设宣传科、教育科和干部教育科等内部科室。其中，教育科与干部教育科专门负责党员干部的学习教育工作。教育科的主要职能是：编辑审查党员教材，计划督促党员教育，研究教育党员的方式方法，掌握党员的社会意识形态和政治认识的发展及政治思想上的进步程度，帮助所在地党员训练班的工作。干部教育科负责在职干部的学习，其主要职能是：负责党训班的教学工作，编选供给干部学习的研究提纲、参考材料，主持干部课、讨论会，进行学习测验，研究学习的方法，了解干部进步的情形，督促、检查、测验下级党的干部的学习。县级以下党委设宣传委员，配备教育干事一人或数人，负责党员干部的学习教育工作。

二是制定各项规章制度。为保证党员干部学习，山东各地党组织逐步出台了一系列规章制度。这些规章制度的建立，对保证党员干部的学习时间、提高学习效果发挥了重要作用。第一，新党员的学习教育制度。对所有未接受过党的教育的党员，要对其进行党的基本教育。每名党员应学完党员课本，一般每星期学一课，一年内完成（党员课本分3册，共45课，包括党的建设、党的工作及党的政策等内容）。对于不识字的党员，各支部要保证其加入民校、冬校、识字班等学习文化，每天要完成认识1—3个字的任务。一年后，每人要至少认识200个字，半数以上的要认识300—500字，并初步掌握革命道理和党的基本知识。第二，上党课制度。党支部要定期上党课，一般一周一次。通过党课，学习党的基本知识和方针政策，检查每位党员的组织纪律及思想作风。同时，规定各支部上党课时，每月应学习一次党的补充教材，至少召开一次讨论会，讨论上级党组织的决定和指示等。第三，党员参加群众上大课制度。一般以3个村有组织的群众为单位，每5天或7天上1次政治课（农闲时可多上，农忙时可停止），主要讲授抗战道理、各种政策、马列主义的基本原则等，以抗战道理和各种政策为主。各支部负责组织好群众上课，党员必须参加大课，并动员会员、团员参加。第四，学习委员会制度。县以上机关成立3—9人的学习委员会，负责在职干部学习教育的计划、布置、推动和总结工作。干部分为若干学习小组，小组人数一般不超过9人。学习小组严格实行2小时学习制度（干部每日2小时学习是抗日战争初期党中央向全体党员干部提出的一项号召）。学习时间一般安排在早上6点到8点，因工作特殊，不能在早上学习的，必须在其他时间安排，学习时间概不接洽工作。每周上课或讨论1次，上课时间一般不超过2小时，讨论不超过3小时。每月至少上2次党课，内容以传达、讨论党的决定指示为主，将学习与工作密切配合。遇到重要的指示、决定，随时进行传达、讨论。每月由领导干部做1次时事报告，并在小组会上讨论。对干部的学习，要定期测验、总结，并报告学习成绩。第五，分级训练干部制度。区党委设党校，训练县级、分区级的干部，地委设党训班，训练乡支委干部，县设训练班，训练小组长级的干部。对暂时不具备条件设立训练班的县，可由地委设流动训练班到各地进行轮训。区委党校一般培训12周，地委党训班一般培训4周，县委党训班一般培训2周。通过训练，学员要初步掌握党的原则和政策，工作能力有显著提高。

三是明确规定各项学习内容。各级党组织在党员学习教育的过程中重点进行了四个方面的教育。第一，党的基本知识教育。其主要包括马列主义、党的建设、党的政策、抗战理论等。其中，马列主义、抗战理论及党的政策的一部分，可以公开讲授。第二，党的工作教育。其主要包括怎样发展党、怎样领导政权、怎样做宣传工作、怎样领导群众团体、怎样锄奸、怎样领导游击小组等。这些内容只能在党员中进行学习，不能公开讲授。第三，时事教育。其主要包括当前的政治形势、党的任务、党内宣传解释材料等。其中，一般的政治形势和新闻材料可以公开讲授，党的任务与党内宣传解释材料不能公开讲授。第四，文化教育。其主要是对不识字党员和文化程度较低党员的扫盲及提高的教育。这些教育可以和群众的文化教育合并进行。

四是创新推广出一套行之有效的方式方法。各级党组织在开展党员干部学习教育的工作中，结合当地实际情况，勇于创新，探索出许多行之有效的好方式好方法，对增强党员干部学习教育的实效、推动党员干部学习教育工作的开展发挥了重要作用。第一，党员教育与群众性教育配合进行。党员以群众面目参加群众上大课，进行政治文化教育，不仅有利于党员隐蔽身份，而且可以发挥党员的模范作用带动群众学习。同时，大大减少了党内教育的时间，部分解决了党内教育干部缺乏的困难。第二，教员准备课制。它是各分区党委负责党员学习教育的干部按期召集各支部的教育干事上准备课的制度。在准备课上，先由各支部教育干事提出问题，然后由分区教育干部对照问题将党员课本讲解一遍。分区教育干部讲解完后，再选出1—2名支部教育干事试讲一次。在此基础上，由分区教育干部作总结。这种方式快速提高了各支部教育干事的理论政策水平和讲解能力。第三，领导干部讲课制。县委或分区委领导干部到下面布置检查工作时，要抽出一定的时间给当地党员干部群众做一个报告或讲解一个具体问题。抗战初期，山东分局的主要负责人，如朱瑞、徐向前、罗荣桓等，到地方检查指导工作时常常要拿出一定的时间给地方党员干部作一次报告，并主动地到党校、军政大学等学校给学员讲课。分局领导们率先垂范，山东党组织逐步将这一好的经验制度化，并使其成为对各级领导干部的一项重要要求。领导干部讲课制，有利于下级党员干部及时准确地了解上级党组织的各项决定和指示精神，提高解决实际问题的能力。第四，讲解、讨论和自学三结合。上课时，将教员课堂讲解与学员讨论结合进行，教员讲完后即由学员展开讨论再由教员做总结。要求把课堂学习与课下自学结合起来。每位党员每天必须拿出一定的时间自学，消化领会上课内容，学习掌握新知识。这种方式使学员对知识的理解更加深入，联系实际的能力也有所提高。第五，积极开展党内批评与斗争。由于当时党员干部的成分主要是农民，因此努力克服他们身上的非无产阶级思想，使其快速成长为无产阶级的先锋战士，是各级党组织的重要任务。通过开展党内批评与斗争，不断加强党员干部的思想教育，随时与不正确的思想意识展开批评斗争，从批评斗争中进行学习教育，有助于广大党员干部及时改正错误，提高党性修养。同时，积极的党内批评与斗争对加强党内民主生活和党内监督也具有重要意义。如沂南县各党支部在开展党内批评与斗争时，对部分县区领导干部在工作、生活中的错误和倾向进行了严肃的批评。经过大家的批评和帮助，这些干部很快认识到了错误，并作了深刻的反省和检查，重新走上了革命道路。

山东抗日根据地党员干部学习教育体系的建立，对提高党员的政治思想觉悟和文化素质，加强党员干部的阶级观念和气节教育，坚定党员干部的理想信念和革命意志，增强党组织的战斗力和凝聚力等，发挥了重要作用。党员干部学习教育体系的建立是山东党组织建设史上的一大特点，使山东党的思想建设得到加强，党员的战斗力大增。

二、锤炼过硬作风

习近平总书记指出："奋斗是艰辛的，艰难困苦、玉汝于成，没有艰辛就不是真正的奋斗，我们要勇于在艰苦奋斗中净化灵魂、磨砺意志、坚定信念。"一部艰苦卓绝的山东革命斗争史，就是山东党政军民用鲜血、汗水、泪水书写苦难和辉煌、曲折和胜利、付出和收获的共同奋斗史。

(一)整顿党的作风

中国共产党历来重视党的工作作风问题。朱瑞在《山东党的建设问题》的报告中提出，凡事商量做，商量了一定做，做了要检查，做了要有结果，结果要有结论。凡事有头有尾，有始有终，凡事要根据党的任务，依照主客观情况，从党的工作的发展和联系上决定工作，实现工作，完成工作。他还提出，必须自上而下地克服领导中的僵化、空洞、不深入、不实际的现象，必须自下而上地克服工作中的"游击主义"。在总结1941年反"扫荡"教训的基础上，为了实现作风的切实转变，中共中央山东分局要求"一切会议、报告、决定、计划要百分之九十放在具体问题上，即做什么、如何做、何时做、谁去做等，反对形式主义，反对把百分之九十的内容放在原则方针与计划的空洞讨论上"。中共中央山东分局决定在全省建立调查研究机关，中共中央山东分局设立调查研究室，各区委设调查研究组，地委、县委不另设机构，但必须指定专人负责调查研究工作。同时，各级政权机关在开展民主政权各项建设的过程中也日益认识到加强调研工作的重要性。1942年6月1日，省战工会发布《关于各级政府设立调查研究组的决定》，高度重视调研工作，从而使问计于民蔚然成风。

从1942年2月至1945年4月，中国共产党在全党开展了以“反对主观主义，以整顿学风；反对宗派主义，以整顿党风；反对党八股，以整顿文风”为主要内容的整风运动。为此，1942年5月，中共中央山东分局发布《关于执行中央整顿“三风”指示的决定》，要求精准学习中央相关文件，把握其精神；检查工作要上层领导与下层民主并重，不仅要检查工作效果，而且要检查思想方法、领导方式、工作态度、工作关系；鉴定党员要以思想方法和工作作风为主。7月1日，中共中央山东分局发出了《关于执行中共中央开展整顿“三风”学习运动的补充指示》，号召全山东的党组织以最高度的热情和最严肃的态度普遍开展整风运动，要求各级党组织结合各地实际情况，把整风运动作为转变全盘工作的关键。历时3年多的山东党组织整风运动，在中共中央山东分局和罗荣桓的领导下，从山东党的实际情况出发，正确地执行了中共中央和中共中央北方局的有关指示，没有出现大的偏差，取得了巨大成效。广大党员干部有力地克服了主观

在整风运动中，部队在连以下单位进行正面教育。图为指导员在给战士们讲课

主义等非无产阶级思想，极大地提高了自身的马克思列宁主义思想水平，克服了宗派主义等错误，增强了党性，加强了团结，提高了路线斗争觉悟，从思想上、作风上和组织上大大提高了战斗力。

值得一提的是，在整风运动中，中共中央山东分局开展了反省坦白运动。中共中央山东分局及八路军山东军区直属各机关、胶东直属机关、鲁中区党委及军区机关等总计5000多人进行反省坦白，对在反省坦白运动中有问题的人，执行了“坦白从宽”“一个不杀，大部不抓”“反对逼供信”的方针，并及时对他们进行了耐心细致的思想教育。这一做法得到了中共中央的肯定。1944年5月13日，中共中央在《关于反对反奸斗争“左”的错误给各地的指示》中指出：“不管反省任何问题，要提倡说老实话，要实事求是，反对哗众取宠，牵强附会，夸大其词。山东分局运用这种坦白方法，取得很好的经验。”

（二）发展生产，厉行节约

根据地的巩固与发展，敌后游击战争的坚持与胜利，都必须以强大的物质基础作保障。因此，必须大力发展经济，发展生产。但在当时的环境下，绝大多数肥沃的农田被敌人占据着，根据地人民和军队只有战天斗地、开荒辟田，才能在艰难的环境中谋求生存。泰（安）历（城）县高而区虽居于山区，但200多名青年组织的开荒队硬是从荒山僻岭中开荒种田数百亩，1943年一年就收获粮食1万多斤。滨海区党政军群机关和部队在赣榆县柘汪至响石河村的海滩上开拓盐田2000多块，日照县党政群机关和县大队在安东卫开拓盐田100多亩。经过大生产运动，山东抗日根据地的农业生产取得了可喜的成绩。1944年下半年以后，解放的新区也及时得到了恢复和发展，人民生活水平得以提高。一些被日伪顽制造的“无人区”，也焕发了新的生机。据不完全统计，自1944年1月到1945年8月，山东抗日根据地共开荒和扩大耕地70余万亩，打井5.2万余眼，开渠327条，筑堤732道，植树1181万余株。

根据地的大生产运动得到了山东军区及所属各部队的大力支援和积极协助。比如，1943年夏，滨海军区第二军分区主力一部协同地方武装和民兵，包围临沂东南的醋大庄据点7个昼夜，掩护群众收割小麦5200多亩。鲁中部队包围垛庄据点，掩护群众于一夜之间抢收小麦300多亩。鲁南部队在临郯邳一带掩护70余个村的群众收割小麦。1944年夏，鲁中张庄镇民兵6天作战52次，击毙前来抢掠的日伪军32名，夺回粮食1.25万公斤。此外，山东军区各部队还主动帮助群众兴修水利，耕种收割，提高生产水平。

山东抗日根据地的党政军领导干部在组织广大群众进行生产的同时，还在部队、党政机关、群众团体中开展了生产节约运动。1941年

根据地军民共同开挖水渠

9月3日，省战工会发出《关于节约问题的通知》。10月8日，省战工会又正式作出《关于政权机关团体生产节约的决定》。在开展生产方面，开荒、种地、打油、养猪、开磨坊、开办合作社，力求自力更生地解决部分口粮、副食及经费，以减轻群众负担。在节约方面，提倡严格执行供应标准，禁止一切不必要的开支，严禁浮支冒领，努力节省经费和粮食。口粮一律供给原粮，由各单位自磨自食，不准向群众以生换熟，也不准以粗粮换细粮。为节约粮食，省战工会专门就减少会餐、限制招待菜金等作出具体规定。在村镇财政中实行预决算制度，严格限定行政经费，对各村镇教育、建设等一切公益事业开支实行严格的审核程序。通过开展生产节约运动，根据地的开支大为减少，收入不断增加，部队、机关、团体的生活得到改善，解决了财政供给不足的困难。整个山东抗日根据地，1942年较上年节约2000多万元。全省经费开支标准较上年减少1/3到1/2。在开展生产节约和反对浪费的同时，省战工会也广泛发动群众，积极发展农业、纺织手工业、生活日用品工业和渔盐业生产。

（三）干部率先垂范

榜样的力量是无穷的。山东各级党组织和山东军区各级领导干部，在纪律和作风方面躬身践行、当好表率，层层示范、层层带动，以模范行动展现的优良作风、严明纪律深深感召着广大人民群众。刘少奇来山东后，先后到临沭县和赣榆县的多个村庄调研，他总是一边为老乡推磨、劈柴，一边细心访问，拉近了和群众的距离，使他很快掌握了山东工作的实际情况。时任八路军第一纵队司令员的徐向前住在沂南孙祖时，见房东老人穿得单薄，便脱下自己的大衣送给老人，看到警卫员没有鞋子穿，便把自己的一双鞋子送给警卫员；中共中央山东分局书记朱瑞在莒南沭边帮群众拉犁，衣服都磨破了；黎玉和劳动模范开会合影时，让庄稼汉坐在前排，自己站在最后一排不起眼的地方。

罗荣桓在鲁南地区开辟根据地时，为了动员群众参加八路军，提出了“三个过得硬”：一要作风过得硬，对群众要秋毫不犯，消除群众对我们的误解；二要打仗过得硬，要打出我们的气势和声威，让群众认为我们能打胜仗，能让老百姓过上好日子；三要组织过得硬，要在地方建立党的组织和群众组织。达到了“三个过得硬”，兵员问题也就迎刃而解了。罗荣桓曾经率领部队到费南发动群众，一到群众家中，就帮助群众打扫卫生、挑水、劈柴、理发、看病、割麦子。工作团走村串户，张贴标语，与群众拉家常，宣传党的主张，宣传八路军的政策。当听说罗荣桓是第一一五师政委，也与工作团成员一样风餐露宿时，群众不禁感动万分，连声称赞八路军的干部与日军、伪军的头头那真是天壤之别呀！1940年9月，第一一五师在平邑桃峪召开旅级以上干部会议，罗荣桓提出“建设铁的模范党军”，要求第一一五师“普遍深入地建立和群众血肉相连的关系”。

在1943年的大生产运动中，山东分局领导充分发挥模范带头作用，展现过硬作风。罗荣桓身患严重肾病，仍率领干部群众挖盐田。黎玉不顾负伤初愈，与萧华等带头深入基层，召开座谈会，制定生产规划，带头参加生产劳动。在山东分局领导同志的带动和示范下，各级党政军领导干部纷纷走上大生产运动的第一线。胶东行署区党委书记林浩深入农户家中，帮助制订兴家计划；鲁南费滕峄边联县政府召集老农座谈生产经验；沂南县委县政府主动请劳动模范上生产课。领导干部的带头参与，对大生产运动起到了示范引导作用。

正是在党的干部的示范带动下，山东各级党组织才能形成优良的作风，赢得群众的信任和支持。

三、强化严明纪律

纪律严明是中国共产党的光荣传统和独特优势。我们党用铁的纪律和共产党员的模范行动一再证明，共产党的军队是人民的军队。

（一）强化政治纪律

政治纪律是最重要、最根本、最关键的纪律。早在大革命时期和土地革命战争时期，山东党组织就把政治纪律建设作为党的建设的重要任务，努力做到与党中央保持一致，在党中央领导下开展工作。每次中央重要会议召开后，山东都会组织讨论学习并贯彻执行。即使在与中央失去联系的两年间，山东党组织也不断派人积极寻找党中央，并最终与中共中央北方局取得了联系。1928年6月，中共山东省委针对组织涣散的严重问题，发出《关于改造党的组织问题致各级党部信》，严肃提出了整顿支部组织、按期开会、严格征收党费、认真贯彻中央和省委决策精神等要求。同年8月，山东省委下发《入校通知》（为保密起见，当时党组织隐称为“学校”，“入党”称为“入校”），第一次较为全面、系统地提出了党员必须遵守的各项纪律，包括参加支部会及各种会议、交纳党费、服从决议案及命令、严守秘密、不得自由行动等。由于省委机关不断被破坏和叛徒的不断出现，1930年8月，山东省委对严明纪律提出进一步要求：不经组织许可个人不得自由行动，党员之间无介绍信不发生任何关系，失去联络3个月要重新入党，自首分子绝不允许重新入党，等等。在抗日战争和解放战争中，山东党组织坚持随时向党中央报告工作，并通过电报得到党中央的坚强领导。同时，中共中央山东分局努力确保本省党的集中统一领导，要求下属党组织每月必须报告一次工作；要求新华总分社及分支社、大众日报社、书店、剧团必须执行审查和请示报告制度，非经组织批准，不得擅自发表政策性与原则性的新闻言论、编印图书和剧本等，在言论上确保始终与党中央保持一致。

在中共中央山东分局加强政治建设的同时，山东军区也开展了政治整训，改进和加强政治工作，开展时事教育，引导指战员消除对国民党的幻想，树立以我为主进行对日反攻作战的思想。广泛开展批评和自我批评，检查和批判部队中的一些不良现象，特别是对军阀主义残余思想进行了较为彻底的清理。对地方武装部队，重点加强群众性游击战争教育，提高其军事技术和政治觉悟。普遍建立政治委员制度和政治工作制度，确保党的绝对领导；重新建立县委军事部，由县、区委书记和县、区长分别兼任地方武装的政治、行政领导干部，并从主力部队中选派大批干部充实到地方工作。

正是因为始终将政治纪律放在首位，山东党的革命力量才得以在残酷的环境中生生不息，在战火中淬炼成钢，带领人民群众赢得最后的胜利。

(二)狠抓群众纪律

群众纪律是党组织和党员保持与人民群众密切联系、正确处理同人民群众关系的行为规范，是我们党始终保持同人民群众血肉联系的制胜法宝。1937年10月，中共山东省委下令要求严格部队纪律，贯彻“三大纪律、八项注意”，做到秋毫无犯。其中，由廖容标司令员领导的山东人民抗日救国军第五军，由于严格执行群众纪律，被当地群众称为“菩萨军”，廖容标本人被称为“菩萨司令”。

红色故事

“菩萨司令”廖容标

廖容标，1912年出生于江西赣县，因家境贫寒，只读了3年书就辍学回家，17岁加入红军。全面抗战爆发后，廖容标奉命进入山东长山县，以体育老师身份为掩护，组织当地革命武装，领导了著名的黑铁山起义，组建了山东人民抗日救国军第五军，并担任司令员。由于廖容标领导的部队纪律严明，在当地威望非常高，附近的群众都赶来参军，就连国民党县政府的县大队都拿着枪前来投奔。第五军在成立时只有60个人，短短4个月就发展到了1000多人。当地有一伙土匪，打着抗日的旗号却不打日军，专门骚扰老百姓，抢劫老百姓的粮食。有一次，这伙土匪嫌当地老百姓给他们的煎饼不好吃，竟把煎饼放得发霉了，又送还给村民们。廖容标率领部队经过这里，知道这件事后，马上把这些发了霉的煎饼从乡亲们手里买了过来，然后，他把这些煎饼放到缸里用盐水煮，消毒后留着自己吃。部下看不过去，说：“司令员身体本来就不好，还去吃这些发霉的煎饼，何苦呢？”廖容标说：“我们是穷人的部队，为的就是让穷人过上好日子，不再受欺负，这些煎饼发霉了谁来吃？当然是我第一个吃。”老百姓得知后，都非常感动，说：“廖司令真是救苦救难的‘菩萨司令’啊！”从此，廖容标“菩萨司令”的美名就在十里八乡传开了。

1943年12月8日，中共中央山东分局和山东军区政治部发出《关于一九四四年拥军与拥政爱民工作的指示》，要求军队积极参加与帮助抗日根据地生产；爱惜民力物力，减轻群众负担；保证党政民战时安全，坚决执行政府法令，尊重地方政权；建立经常的连队民运工作制度，进行社会调查、群众宣传及纪律检查。同时制定并颁布了《山东八路军拥政爱民公约》：（1）不轻视政府地方工作人员，像对部队首长、干部一样尊敬。（2）不违背政府法令，像执行部队命令一样忠实。（3）不打骂老百姓，把老乡当自己家里的父母兄弟姐妹一样看待。（4）不打骂村长、庄长、办公人员，鼓励老百姓管理财政。（5）不拿群众东西，不让马啃树皮，把老百姓的利益当作自己的利益。（6）借东西要解释，用了要还，坏了要赔，住房子要商量，顾及对方需要。（7）不妨害老百姓生产，按时帮助耕种、锄地、收割。（8）尊重民情风俗，不怨老百姓落后，多宣传，多鼓励上学，帮助民兵训练。（9）关心贫苦群众，接近了解他们，帮助他们争取生活改善。（10）节省公物，救济灾民难民，努力生产，减轻群众负担。

八路军第一一五师教导三旅九团在群众工作中表现突出，被树立为“模范团”。九团是1941年1月奉命奔赴巨南（指鲁西南的巨野、菏泽、金乡、嘉祥、成武一带）开辟抗日根据地的，刚到新区时他们并不为群众所了解。为此，团党委制定了十条办法，严格要求部队官兵密切军民关系。从领导到战士，从机关到连队，上上下下都开展了“三不走”活动，即群众家的水缸不满不走、地不扫不走、没有向群众告别不走，从而赢得了人民群众的认可，密切了党群、军民关系。

1943年，山东军区各部队开展了拥政爱民运动，深入进行思想动员，围绕“为谁当兵，为谁打仗”“谁养活谁”等问题展开讨论，从根本上强化部队的阶级观念、群众观念、政权观念。在深入进行思想教育的基础上，又开展了空前规模的纪律大检查。各部队派出大批人员到驻地和活动过的主要地区挨村逐户地进行群众纪律回访，广泛征求意见，认真清理旧案，进行赔偿和道歉。据不完全统计，全军区共回访检查村庄1000余个，向群众清理赔偿1000余万元，地方干部、群众对人民军队的做法深为感动。民拥军，军爱民，党和军队与人民群众亲如一家，形成了水乳交融的血肉联系。

（三）严格监督执纪

监督是执纪问责的前提。没有有效的监督，纪律就成了摆设，执纪就成了空话。在抗日战争和解放战争时期，山东党组织深刻认识到这一点，采取了多项措施加强纪律监督。一是加强人民监督。1940年11月出台全国第一个《人权保障条例》，明确人民对他们选出的参议员和政府工作人员有监督、检察、批判和控告的权利。二是加强政府内部监督。参议会常设监察处，其重要职责之一就是检举政府、军队及各团体的贪污、渎职情况。1941年1月13日，省战工会颁行了《山东省行政人员奖惩暂行条例》，规定："对工作消极、不能完成任务或违犯政令者，分别予以申斥、记过、免职处分；对违法渎职者，除免职外，并须移送司法机关依法审判。"三是加强舆论监督。八路军第一一五师师部成立经济审查委员会，专门审检司政供卫机关的一切经济开支，并将审查报告在第一一五师《战士》报上刊登，接受大家的监督。这些措施有效地保证了各项纪律的监督到位，确保了党的建设的扎实开展。

执法不严等于无法，纪律不能严格执行，就会成为被束之高阁的一纸空文。山东党组织始终高度重视严格执法问责，对于各种违纪违法行为坚决予以惩处，维护法纪的权威性。比如，由于屡次违反群众纪律，山东人民抗日游击第十二支队董慕仲部被整体驱逐；第一一五师政治部一科长因枪杀俘虏，受到撤职处分；临沭夏庄区群众干部张某，生活作风有问题且屡教不改，还不为群众服务，受到严重警告处分；第一一五师一干部因强奸军人家属，被公审枪决。山东党组织通过严格执法，真管真严、敢管敢严，执行纪律没有例外，狠抓党规党纪的落实，使铁规发力，让禁令生威。

四、坚定反腐倡廉

党的性质和宗旨决定了我们党是和腐败水火不容的。山东各级党组织始终把廉政反腐作为一项重要工作来抓，坚持正风肃纪，接受人民监督，有力地促进了党和群众的血肉联系。

（一）加强思想教育

要筑牢反腐倡廉的坚固防线，必须从加强思想教育入手。中共中央山东分局十分重视党员的思想教育工作，针对新党员较多的实际情况，提出要把马克思列宁主义教育放在首位，并着重加强阶级斗争观念和党的基础知识教育。各级党组织积极培养党员深入实际、密切联系群众的优良作风，要求党员积极开展思想斗争，克服党内存在的种种不良思想，与个人主义、功利观念等不良思想与习气做坚决斗争。此外，各地党组织还建立了党支部日常教育制度。刘少奇的《论共产党员的修养》、陈云的《怎样做一个共产党员》等著作，是当时的重要读物。通过多种形式的教育工作，广大党员的政治思想、文化水平、理论素养有了明显提高。

除了对普通党员的培训，对根据地内党政军干部的培养和教育也是思想教育的一个重要任务。山东抗日军政干部学校成立之后，鲁西、胶东等地也成立了抗日军政干部学校。与此同时，中共中央山东分局还选派部分干部赴延安中共中央党校、抗日军政大学、陕北公学和中共中央北方局党校学习。1939年9月，山东抗日军政干部学校改建为八路军第一纵队随营学校，由徐向前兼任校长，朱瑞兼任政治委员。随营学校根据当时的形势和任务，确定了以下办学方针：以军事教育为主，生活军事化，在战争中学习战争。教学内容主要有军事教育、政治教育和群众工作教育等课程。中共中央山东分局还针对各级干部中存在的一些错误倾向，进行了以新民主主义教育、共产主义教育、民主教育、劳动教育和纪律教育等为主要内容的思想教育，极大地提升了山东干部队伍的思想水平。

（二）建立廉政制度

完善规章制度是反腐倡廉的重要保障。1940年11月7日，省战工会作出《关于招待费及菜金马干费的决定》，规定：机关、部队、团体间之人员相互往来，不得报销招待费，尤其是下级政府对上级政府或部队派来人员，更不得随意招待，如有招待用费，公家概不准报销。因公出差人员必须携带菜金；有马匹时，携带马干费，按日交给所住机关管理人员，不得另外报销客饭、菜金和马干费。在统战来宾或特殊情形下必须招待时，每人每餐不超过4角。会议会餐要尽量减少，如必需时，每人不得超过2.5角。各种训练班的学员毕业会餐，每人不得超过2角。这一决定具体、实用，可操作性强，在实际工作中起到了立竿见影的效果。

随着根据地实际情况的变化，省战工会也不断调整、规范相关制度。1942年2月，省战工会出台了《关于招待会餐等费之决定》，规定除了带有统战性质的外宾外，机关团体与部队来宾不能额外招待，一律提供普通饭菜，更不得报销招待费；在招待外来统战性质的来宾时，每人每餐不能超过8角，凡经团县级以上领导干部批准需要特别招待的，可以酌量增加费用，但是必须在决算单据上注明招待之人，否则不能报销；如果是一般的会议，则不能增加菜金，也不得举行会餐，比较重大的会议需要增加菜金的，要经该区最高财政机关批准，除各带原有菜金外，按照原数增加一倍，否则不予报销；过节、集会以及各种训练班开学和结业等，一律不准会餐，也不得额外增加菜金。该决定要求各单位首长切实负起责任，严格审查监督，保证规定得到执行。

1942年5月，省战工会下发《山东省经管收支款项统一处理办法》《关于统一村镇财政及人民负担的决定》等一系列文件，明确财政收入项目和财政支出的相关规定，同时建立了相对完善的预决算、审计、会计、开支报销等制度。山东革命根据地的财政经济政策得到进一步统一和规范，减轻了人民负担，树立了抗日民主政权的良好形象。7月1日，中共中央山东分局作出《关于整理村镇财政的决定》，山东革命根据地先后召开会议，研究整理村镇财政问题，并根据情况制定了统一整理村镇财政的具体办法。通过一系列硬性约束的强化，进一步锤炼了山东党政军民的优良作风。

（三）加强人民监督

毛泽东曾指出："我们已经找到新路……这条新路，就是民主。只有让人民来监督政府，政府才不敢松懈。只有人人起来负责，才不会人亡政息。"1942年夏，根据地开展了整理村镇财政工作。首先详细调查统计各村镇过去的财政收支情况、村镇长好坏程度以及其在群众中的威信等，然后根据具体情况，斟酌轻重缓急，制定处理办法，在此基础上发动群众进行清算工作。村政改造工作中，以民主方式在全体民众中选举3—5名公正、忠实、负责、群众所信任者组成财政委员会，讨论决定执行本村镇财政工作，并监督检查本村镇财政粮食开支情况，充分发挥人民群众的监督作用。

在廉政反腐中，进一步强化群众观点、坚持群众路线，让人民群众能够参与监督、愿意进行监督、敢于实施监督，最大限度地发挥人民群众的监督作用，是不断提升反腐廉政的重要保障。例如，莒南县筵宾区干部徐某就受到了相应处理。过去，徐某不但不理解党治病救人的初衷，反而以为党委屈了他，消极对抗，接受教育一个多月也没能打通思想。后来，党发动群众对他集中提了两次意见，在群众的真心帮助下，徐某才真正认识到“自己错误的严重”和“群众对他的不满”，并改变了对抗态度，感受到了党对他的挽救，“表示要革命到底”。在群众监督中，很多干部更加清晰地认识到群众自觉地起来教育干部是处理问题的关键，“没有群众起来教育干部，干部不会真心受到锻炼改造，就不会很好为群众服务”。有了人民群众监督，才能在整军过程中揪出那些见风使舵的投机客，确保党对军队的绝对领导；才能在整风运动中揪出那些政治动摇、贪污腐化、作风糜烂的腐败分子，纯洁党的队伍；才能在整顿基层政权中揪出那些对敌妥协、立场摇摆、擅离职守的问题干部，真正让人民掌握当家作主的权利。

（四）严惩贪污腐败

在政权建设中，党员干部一般都能做到艰苦奋斗、廉洁奉公，但是贪污、腐化、浪费现象并没有完全杜绝。为了杜绝贪污违法现象，1940年12月3日，省战工会出台《山东省惩治贪污暂行条例》（以下简称《条例》）。《条例》首先明确其适用对象为：本省行政机关、武装部队及公营企业人员，以及群众团体、社会公益团体人员。《条例》规定：克扣或截留应行下发或上交财物，买卖公用物品从中舞弊，盗窃或侵吞公物，强占、强征或强募财物，贩运违禁或漏税物品，擅移公款作为私人营利，违法收募税捐，伪造或虚报收支账目，勒索敲诈，招摇撞骗收受贿赂，为私利浪费公用财物者，均以贪污罪论。《条例》中根据贪污数目的不同制定了严苛的处罚措施。贪污罪在数目上没有下限，不管贪污多少，皆照该《条例》处理。《条例》的制定，反映了山东分局和省战工会对惩处贪污、整顿吏治的决心。

有了好的制度，如果不落实，只是写在纸上、贴在墙上、锁在抽屉里，制度就会成为稻草人、纸老虎。要做到有令必行，有禁必止，让规章制度成为不可触碰的底线、红线、高压线。

学习思考

1. 山东根据地在加强党的建设方面采取的主要措施有哪些？

2. 山东根据地加强党的建设的实践，对新时代全面从严治党有哪些启示？

第七章

薪火相传——沂蒙精神的弘扬

新中国成立后，山东人民继承和发扬沂蒙精神，艰苦奋斗、开拓创新，取得了经济社会发展的历史性成就。特别是改革开放以来，山东始终与时代同步、与祖国同行，从农村到城市、从沿海到内陆、从经济领域到其他各个领域，都实现了历史性跨越，取得了令人瞩目的辉煌成就，创造了发展的黄金时期，踏上了新时代全面建设现代化强省的新征程。

一、建设时期，艰苦创业

（一）步入社会主义革命和建设时期

新中国成立后，山东各级党组织紧紧围绕建立和巩固人民政权，医治战争创伤，恢复国民经济，开展对农业、手工业、资本主义工商业的社会主义改造和有计划的经济建设，取得了重大成就。到1956年底，基本完成了社会主义改造，农业生产和人民生活水平都有了较大提高，出现了政通人和、百业俱兴的喜人景象。1953年，中共中央领导全国人民制定并开始实施发展国民经济的第一个五年计划。山东省根据中共中央部署，认真编制、实施了本省的

“一五”计划。1956年，山东省农业获得空前的大丰收。到1957年底，全省超额完成了“一五”计划各项指标任务，经济和文化建设都取得巨大成就，人民生活水平迅速提高，为社会主义建设奠定了基础。

(二)为改变贫困落后面貌而奋斗

新中国成立后，山东人民怀着对美好生活的向往，继续发扬革命战争年代顽强拼搏的精神，战天斗地，将革命精神转化成改变生存环境、整山治水的强大动力，涌现了一批改造自然、学习文化、发展生产、艰苦创业的先进典型。

厉家寨位于临沂市莒南县境内，处于三山五岭两河之间，20世纪50年代时自然条件十分恶劣。1956年，厉月坤任厉家寨管理区党总支书记，带领群众掀开了整山治水、战天斗地的新篇章。当年，

厉家寨中心广场上矗立着的纪念碑

厉家寨大山社粮食平均亩产达到276公斤，是1949年的1.5倍，提前实现了农业发展计划纲要目标。到1957年，厉家寨6000多亩地基本深翻一遍，随后打水井、建水库，挖了一条长800米的深沟，用水车提水浇地400多亩，结束了厉家寨没有水浇地的历史。1957年10月9日，毛泽东在《山东省莒南县厉家寨大山农业社千方百计争取丰收再丰收》的报告上批示："此件值得一阅。愚公移山，改造中国，厉家寨是一个好例。"当时，中共中央八届三中全会正在北京召开，这份批示印发给了所有与会代表。

不久，《人民日报》以《大山农业社作出农业生产建设的好榜样》为题，报道了大山农业社的事迹。同年，在全国社会主义建设积极分子会议上，国务院授予大山农业合作社"英雄社战胜了穷山恶水"的锦旗。从此，厉家寨闻名全国，成为各地艰苦奋斗、改造自然的学习榜样。

研学基地

厉家寨展览馆

厉家寨展览馆位于山东省临沂市莒南县，是著名的革命传统和爱国主义教育基地。

展览馆新馆于2013年底开工建设，2014年5月建成并投入使用，建筑面积约5000平方米。展馆内众多的图片和实物，详细而生动地展示了20世纪五六十年代厉家寨人整山治水的峥嵘岁月、中国现代土地整治的光辉历程以及山东省土地综合整治的先进经验。

厉家寨展览馆也被称为"中国土地整治第一馆"。

莒南县“新建”农业生产合作社也是创新创业的典范。1955年春，莒南县王家坊前村“新建”农业生产合作社，发动社员投资，靠广大人民群众解决了生产资金不足的问题。1955年4月，中共莒南县委及时总结、推广和上报了“新建”农业生产合作社的做法和经验。毛泽东在这份材料上作了亲笔批示：“这个合作社的经验也证明，适当地，不是过多地，并且是在启发社员有了充分的觉悟以后，对于贫苦社员又加以照顾等项条件之下，发动社员投资，解决合作社生产资金不足的困难，是完全可能的。”这一时期，高家柳沟村创办记工学习班，毛泽东也作出批示指出：“这个经验应当普遍推行……山东莒南县高家柳沟村的青年团支部做了一个创造性的工作。”

社会主义建设时期，山东人民与不适合生产的地形地貌展开了不懈斗争，改变了自然界的生产条件，也改造了自己的主观世界，培育

1960年6月，厉家寨乡大山农业社大山生产大队建成“小南湖”地下引水沟，山地得到灌溉，小麦喜获丰收。图为社员在收麦子

了不怕吃苦的奋斗精神。值得一提的是，1949年开工的导沭整沂水利工程，历时4年多，动用工日2458.5万个，完成土石方4827.4万立方米，其间，涌现出1.5万名劳动模范。据统计，导沭整沂工程中，仅临沂就有527个村庄、27万间房屋被拆迁，28万亩良田、5万亩山林被淹没，40多万名库区农民作出了巨大贡献。山东党政军民正是以这种艰苦奋斗、无私奉献的精神，用艰辛和汗水共同传承和发展了伟大的沂蒙精神，向世人昭示了社会主义建设的动力之最深厚的根源，同样在于人民群众。

山东小三线建设是20世纪60—80年代国家基于战备需求在齐鲁大地开展的战略性工业布局，其核心区域位于沂蒙山区和泰莱山区，共建成23个军工单位及配套企业。这一工程以“靠山、隐蔽、分散”为原则，数万名建设者响应“好人好马上三线”的号召，在极端艰苦的条件下完成选址、设计、建厂与投产，创造了“四个当年”（当年选址、当年设计、当年建设、当年达产）的建设奇迹。例如，山东人民印刷厂（代号709厂）在1970年建成后，连续5年承担山东省高考试卷印刷任务，并秘密储备人民币印刷设备；山东汽车修理厂于1969年造出首辆“东方红”载重汽车，填补省内工业空白。

在精神传承层面，小三线建设深刻诠释了沂蒙精神的内核。建设者们以“献了青春献终身，献了终身献子孙”的信念扎根深山，住“干打垒”房屋、食粗粮咸菜，用人力肩挑背扛完成开山凿洞、架桥通电等工程。比如，民丰机械厂工人在山洞内生产高射机枪，鲁光化工厂打通山体隧道，其工程量之巨至今令人震撼。这种“艰苦创业、无私奉献”的集体实践，与沂蒙老区“水乳交融、生死与共”的群众支前传统一脉相承。

当前，山东小三线遗产保护与精神弘扬取得双重进展。民丰机械厂旧址开发为军工文化园，709厂转型为文化产业园并设立山东小三线纪念馆，年均接待研学游客超10万人次。数据显示，现存遗址中约30%得到有效保护利用，成为红色旅游与爱国主义教育的重要载体。这一工业遗产活化实践，既留存了国家战略布局的历史记忆，也为新时代弘扬沂蒙精神提供了鲜活注脚。

二、改革开放，开拓创新

1978年12月，党的十一届三中全会召开，确定了解放思想、实事求是的思想路线，作出把全党工作重心转移到社会主义现代化建设上来和实行改革开放的战略部署。在改革开放大潮中，山东再续辉煌，谱写了社会主义现代化建设的新篇章。

（一）进入改革开放新时期

改革开放以来，全省上下始终坚持发展第一要务不动摇，改革不断深化，开放不断扩大，发展不断跨越，大体经历了5个主要阶段。（1）破冰调整，改革开放开始起步阶段。1978年底至1984年，改革以农村为先导，农业生产迅速恢复，城市改革展开试点，对外贸易开始起步。（2）整顿提高，改革开放进入全面探索阶段。从1985年到1992年，改革的重点由农村转移到城市和整个经济领域，经济秩序得到有效治理整顿，多年来高度集中的计划经济体制逐步转变为有计划的商品经济体制。（3）重点突破，改革开放进入纵深推进阶段。从1993年到2002年，现代企业制度、分税制、金融体制、住房、医疗卫生等各项改革取得重大突破，社会主义市场经济体制建设迈出决定性步伐。（4）完善协调，改革开放迈向快速推进阶段。从2003年到2010年，改革进入完善社会主义市场经济体制的新阶段，经济增长速度在5个阶段中最快，经济社会发展进入稳中求进、好中求快、又好又快的健康轨道。(5)全面深化，改革开放进入攻坚阶段。从2011年至今，改革进入攻坚期、深水区。经济发展进入新常态，向形态更高级、分工更复杂、结构更合理的高质量发展阶段演化。

在深化改革开放的进程中，山东涌现出很多传承弘扬沂蒙精神的模范，临沂市平邑县的九间棚村就是其中的典型。

九间棚村位于沂蒙山腹地，是远近闻名的“干山顶”，极为缺水，土壤贫瘠，十分荒凉。改革开放前，九间棚人均口粮不足200斤，人均收入不足70元。因为贫穷，这里的男青年娶妻都成问题，1984年全村20个已到结婚年龄的青年中有13个光棍汉。

1984年底，刚满30岁的刘嘉坤成为村党支部书记。他和班子其他成员一起制定了“架电、修路、整山、治水、栽树”的规划，得到村民的一致拥护。架电的时候，面对资金缺乏的困难，党员干部带头集资；面对运输不便的困难，他们肩扛人抬，把一根根1800多斤重的水泥电线杆挪上了龙顶山。不到1个月，九间棚人就用上了电灯。修路的时候，他们采取分段承包到户的办法，把需要修的路段按人承包到户，党员挑最难的地段，群众包的地段不满意可以跟任何一个党员调换。寒冬腊月，村民们男女老幼齐上阵，不分黑白昼夜干，奋战5个月，终于建成了一条长3500米、宽6米、有大小24个弯的盘山路。修建引水上山工程时，他们在悬崖上打眼放炮，全村大干1个月，一座全程102.5米、输水管道长度为8000米的扬水站建成投入使用；又经过20多个日夜的奋勇苦干，他们在龙顶山头修筑起一条防渗石渠，把3公里外的卧龙泉水引上龙顶山，彻底结束了九间棚村缺水的历史。引水上山后，九间棚人治理了2100亩荒山，整治了450亩耕地，栽植水土保持林1600亩，栽果树2万多棵，人均果树120余棵。六年的时间里，九间棚人从最贫困的起点起步，用勤劳的双手战胜恶劣的自然环境。到1990年，全村产果十几万斤，人均收入达到了800元，基本解决了温饱问题。

1990年8月5日，中共中央政治局常委、中组部部长宋平同志，听取了刘嘉坤关于九间棚人战天斗地、脱贫致富的汇报后称赞道："社会主义是干出来的，共产党的威信也是干出来的。"他号召全国学习九间棚。之后，九间棚人没有停下奋斗的脚步，他们办企业、搞旅游，九间棚村形成农业、工业、旅游业三大发展板块。九间棚村被评为"全国先进基层党组织""山东省农村建设样板村""全国农业旅游示范点""国家AAA级景区""全国文明村""全国幸福村""全国生态文化村"，贫穷落后的干山顶变成了富饶美丽的新山村。九间棚是沂蒙精神在改革开放时期的典型代表，是传承沂蒙精神的典型样板之一。

（二）为实现共同富裕而奋斗

进入改革开放新的历史时期，山东人民继续发扬沂蒙精神的光荣传统和奋斗精神，坚持深化改革，扩大开放，锐意创新，走过了一段开放图强、奋进崛起的光辉历程。

海尔集团的发展历程是山东经济社会发展的一个典型代表。1984年，张瑞敏等创始人面对的现状是整个车间没有一块玻璃是完整的，资不抵债亏空147万元，员工发不出工资，一年中连换三任厂长。几乎是在一片废墟上，海尔人开始了创业的征程。没有资金、没有技术、没有人才，张瑞敏就带领全厂职工发扬无私奉献的忘我奋斗精神，夜以继日地努力工作。1985年，张瑞敏毅然决定将不合格的76台冰箱全部砸掉，并且由生产这些冰箱的员工亲自用大锤来砸。正是这种置之死地而后生的决心，才使海尔取得辉煌的成就，成为世界著名家电品牌。海尔的成功，彰显了山东人民勇立潮头的时代精神。

影像推荐

电影《首席执行官》

电影《首席执行官》由北京电影制片厂、电影频道节目中心、山东电影制片厂于2002年出品。影片以海尔首席执行官张瑞敏为主要人物创作原型，以中国民族工业面临世界市场的竞争压力和挑战为背景，描写了一群胸怀振兴民族工业大志的人，通过十几年的努力拼搏，成功把一个濒临倒闭的小厂发展为大型跨国企业的艰辛历程和辉煌成就。

寿光蔬菜全国闻名，但冬暖式大棚最早并不是寿光发明的。1989年，寿光三元朱村党支部书记王乐义从辽宁请来大棚专家韩永山，开始搞大棚试验。时任寿光县委书记王伯祥顶住各种质疑和非议，在试验成功后，力主在全县推广冬暖式大棚。县委一次性奖励韩永山8万元、提供120平方米住房、一家四口“农转非”，这在当时是需要很大勇气的。正是靠解放思想，才造就了“中国蔬菜之乡”。

“莱西经验”是农村基层党建的典型。山东莱西从1985年开始，积极探索村党支部领导下的“村级组织、民主政治、社会服务”配套建设，形成了农村基层组织建设“三配套”经验，促进农村经济社会发展。1990年8月，中共中央组织部等五部委联合在莱西召开全国村级组织建设工作座谈会，总结和推广“莱西经验”。2013年11月，习近平总书记视察山东时指出，发端于莱西的村级组织配套建设，在全国起到了很好的示范引领作用。2018年12月18日，在庆祝改革开放40周年大会上，百名改革先锋受到表彰，农村基层党建“莱西经验”的实践创新者周明金位列其中。

为实现共同富裕，一批又一批的干部接力援藏，把西藏当成第二故乡，时刻铭记历史使命，创造了“缺氧不缺精神”的“山东援藏精神”，诠释了大爱无疆、无私奉献的沂蒙精神。党的优秀干部孔繁森，三次进藏，历时十载，把自己的生命奉献给了雪域高原，被誉为“新时期的焦裕禄”“领导干部的楷模”。2024年是山东省承担对口援藏支援任务30周年。30年间，全省先后分10批选派657名优秀干部进藏工作。援藏干部用心用力用情，高质量推进对口援藏工作。山东省累计投入援藏资金61.8亿元，实施各类援藏项目1608个。山东援藏干部用真诚与执着、智慧与汗水浇灌出累累硕果，谱写了动人篇章。

影像推荐

电影《孔繁森》

电影《孔繁森》由北京电影制片厂制作发行，于1996年上映。影片根据西藏自治区阿里地区原地委书记孔繁森的事迹创作，情节真实感人。电影中，孔繁森始终坚持全心全意为人民服务的宗旨，以身作则，积极解决人民群众的生产生活问题，为阿里地区的经济建设和群众脱贫致富呕心沥血。影片上映后，获得广泛好评，曾被评为中国电影华表奖最佳故事片。

红色故事

领导干部的楷模——孔繁森

孔繁森（前排右）在拉萨任副市长时和藏族干部群众一起参加节日活动

孔繁森（1944—1994），山东聊城人。1966年9月加入中国共产党。1961年8月参军，历任济南军区总医院警通排战士、共青团聊城地委常委、聊城地委宣传部副部长。1979年作为援藏干部赴日喀则地区任地委宣传部副部长，后改任岗巴县委副书记兼县检察院检察长。1988年第二次进藏，先后任拉萨市副市长，阿里地委书记兼阿里军分区党委第一书记、阿里地区政协主席。他跑遍了全地区106个乡中的98个，行程8万多公里，与藏族群众结下了深厚友谊。1994年11月29日，他在新疆考察边贸工作的途中，因车祸不幸殉职。孔繁森荣获“全国民族团结进步模范”称号，被追授“模范共产党员”“优秀领导干部”称号。因公殉职后，人们在他身上只找到两件遗物：一是他去世前4天在颠簸的吉普车上写的关于发展阿里经济的12条建议，一是他身上仅有的8元6角钱。孔繁森的遗物，体现了一名共产党员的高尚情怀。

三、崭新时代，再谱新篇

山东党政军民“水乳交融、生死与共”铸就的沂蒙精神，对今天抓党的建设具有十分重要的启示作用，我们要不断结合新的时代条件将其发扬光大。2018年3月8日，习近平总书记参加十三届全国人大一次会议山东代表团审议时强调，“红色基因就是要传承”。这为山东弘扬、践行沂蒙精神指明了方向。

（一）走在前，挑大梁

在中国式现代化的壮阔征程中，山东始终牢记习近平总书记“走在前、开新局”的殷切嘱托，以沂蒙精神为精神坐标，将红色基因转化为发展动能，全面落实高质量发展要求，推动经济社会发展取得显著成效，交出了一份“走在前、挑大梁”的亮眼答卷。近年来，山东经济总量稳居全国前三，2024年地区生产总值达9.86万亿元，增速高于全国0.7个百分点，成为全国经济高质量发展的重要引擎。这一成就的取得，既是山东人民实干担当的体现，更是沂蒙精神在新时代的生动诠释。

党建引领治理效能，“两创”彰显文化自信。通过党史学习教育常态化，山东党员干部“第一身份是党员”的意识不断增强。在各种重大考验中，基层党组织成为群众最可靠的主心骨，续写了新时代的“鱼水深情”。山东以尼山世界文明论坛为核心平台，推动齐鲁文化的国际传播与创新发展。自2010年创办以来，尼山世界文明论坛已成功举办十一届，吸引全球数千名专家学者参与，围绕“人类共同价值”等主题展开对话，成为世界文明交流互鉴的重要窗口。通过“黄河大集”“四廊一线”文化体验廊道等项目，将传统文化融入文旅融合项目中；从沂蒙红嫂纪念馆到《乳娘》舞剧，山东以红色文化凝聚共识。2024年，山东接待游客超9亿人次，旅游收入破万亿，文旅融合不仅激活了经济，更让沂蒙精神成为新时代的价值引领。

经济总量持续增长，稳中有进。2024年，山东省实现地区生产总值（GDP）98566亿元，同比增长5.7%，增速高于全国平均水平，位居全国前列。其中，第二产业增加值39609亿元，占比40.2%，同比增长6.6%；规模以上工业增加值同比增长8.3%，显示出工业经济强劲的复苏势头。各地经济发展呈现亮点：潍坊市GDP突破8000亿元，东营市和德州市均突破4000亿元，聊城市突破3000亿元，16个地市的GDP均实现增长，展现出强大的发展韧性和活力。

产业结构优化升级，创新驱动成效显著。山东省坚持以新旧动能转换为主线，推动产业结构优化升级。高技术制造业发展势头强劲，2024年上半年，规模以上高技术制造业增加值同比增长8.1%，集成电路、光电子器件等高端化、智能化产品产量增长较快，增速分别为23.5%、24.1%。同时，山东加大科技创新力度，实施“筑峰计划”，累计遴选泰山学者1529人、泰山产业领军人才970人，国家级科技企业孵化载体数量居全国第三位。截至2024年底，全省高新技术企业达到5万家，其中标志性产业链领域占比达80%。

对外开放持续深化，外贸稳步增长。山东省积极融入全球经济体系，推动对外开放取得新进展。2024年，山东省进出口总值33806.2亿元，同比增长3.5%，其中出口20811.6亿元，同比增长7.1%，均高于全国平均水平。在“一带一路”倡议框架下，山东积极拓展国际市场，推动中通客车等企业在海外市场取得突破，推动外贸结构优化升级。

区域协调发展加速，城乡融合取得新进展。山东省坚持区域协调发展战略，推动济南、青岛、烟台三大经济圈一体化发展，促进资源要素合理流动。2024年，济南市GDP达到13527.6亿元，青岛市和烟台市分别为16719.5亿元和10782.8亿元，三市合计占全省GDP的比重达到41.5%。在城乡融合方面，山东加快推进农业转移人口市民化进程，提升基础设施建设水平，推动城乡发展一体化。截至2024年底，全省高铁通车里程突破3000公里，极大地提升了城乡间的联系和流动性。

绿色发展成效显著，生态文明建设深入推进。山东省坚持绿色发展理念，推动生态文明建设取得新进展。2024年，新能源和可再生能源发电量占全省发电量的比重达到14.2%，比2015年提高10个百分点。细颗粒物（PM2.5）平均浓度为46微克/立方米，比2015年改善37.0%，主要污染物排放大幅减少，生态环境质量持续改善。同时，山东积极推进黄河流域生态保护和高质量发展，谋划实施重大工程和项目，推动经济与生态协调发展。盐碱地综合利用试点、高标准农田建设等创新实践，彰显了山东敢闯新路的沂蒙精神特质。

民生福祉持续改善，社会事业全面发展。山东省坚持以人民为中心的发展思想，推动民生福祉持续改善。2024年，城乡居民收入稳步增长，社会保障体系不断完善，教育、医疗、文化等社会事业取得新进展。特别是在脱贫攻坚方面，山东省提前完成脱贫任务，历史性解决了绝对贫困问题，脱贫人口稳定实现“两不愁三保障”。山东将80%的财政支出用于民生，全体居民人均可支配收入年均增长8.2%，就业、教育、医疗等事业全面进步。在“十大创新”行动中，家电以旧换新政策惠及163.8万户家庭，体现了“党群同心”的沂蒙精神本质。

（二）大力弘扬沂蒙精神

在新的时代条件下，我们要让沂蒙精神在齐鲁大地赓续延绵，绽放出更加璀璨的精神光芒。

必须始终坚持以科学理论为指导。沂蒙精神告诉我们，夺取中国革命胜利离不开科学理论的指导，夺取中国特色社会主义伟大胜利、实现中华民族伟大复兴，更离不开科学理论的指导。要有学深悟透的执着精神，带着信念、带着感情、带着使命深入学习习近平新时代中国特色社会主义思想，深刻领会其历史逻辑、理论逻辑、实践逻辑，深刻体悟其强大真理力量、独特思想魅力、巨大实践伟力。要切实把学习成果转化为联系服务群众的成果、管党治党的成果、改革发展的成果。

必须始终坚持以人民为中心。沂蒙精神之所以可歌可泣、永续永存，关键在于它把党的性质和宗旨落实为实践形态、升华为价值形态，揭示了党由小到大、由弱到强的基本逻辑：党把人民利益放在第一位，为人民谋解放而领导人民展开革命斗争；人民群众真正跟党走，相信我们党，在党的领导下为人民解放事业无私奉献。我们要把人民群众对美好生活的向往作为奋斗目标，多谋民生之利，多解民生之忧，真心实意为群众办实事、解难事、做好事；把人民群众作为创造历史伟业的根本力量，尊重群众首创精神，自觉拜群众为师；把党的群众路线贯彻到全部工作中，把群众的笑脸作为检验我们一切政策、政绩的试金石。

必须始终坚定理想信念。在沂蒙精神中，革命理想始终是支柱、是灵魂。支撑无数革命前辈流血牺牲、奋勇向前的，是心中熊熊燃烧的理想火炬；引领老区群众无私奉献的，是跟着共产党一定能够翻身解放的坚定信念。我们要以是否能在重大政治考验面前有政治定力、是否能树立牢固的宗旨意识等为衡量标尺，经常扪心自问，时刻检视自己，始终保持追求理想的政治定力。要解决好“总开关”问题，矢志不移地做共产主义远大理想和中国特色社会主义共同理想的坚定信仰者、忠实实践者，用实际行动为完成新时代党的历史使命而不懈奋斗。

必须始终做到“两个维护”。在沂蒙精神中，忠诚担当、无私奉献交汇交融，党性和人民性高度统一，忠于党和忠于人民高度契合。历史告诉我们，对党忠诚必须是唯一的、彻底的、无条件的，是不含任何杂质、没有任何水分的。必须把“两个维护”放在首位，把旗帜鲜明讲政治作为根本要求，坚定对信仰的忠诚、对党的理论和路线方针政策的忠诚、对领袖的忠诚、对组织的忠诚。要始终保持革命精神、革命斗志，勇于担当、无私奉献，以新担当新作为坚定不移地贯彻落实好习近平总书记对山东工作的重要讲话、重要指示精神。

必须始终勇于探索创新。沂蒙精神蕴含着创新创造的因子，刻印着山东人民自古就有的敢闯新路传统。我们深刻体会到，改革走在前列，山东才能走在前列。要聚焦增加制度供给推进改革创新，加快制度创新步伐；聚焦增强政策实效推进改革创新，用好国家政策，创新具体政策；聚焦增进群众福祉推进改革创新，综合施策、精准发力；聚焦全面开放新格局推进改革创新，努力打造对外开放新高地。

必须始终坚持党的领导、全面从严治党。办好中国的事情，关键在党。中华民族近代以来180多年的历史、中国共产党成立以来100多年的历史、中华人民共和国成立以来70多年的历史都充分证明，没有中国共产党，就没有新中国，就没有中华民族伟大复兴。党要实现坚强有力的领导，关键在于自身过硬。必须树立抓好党建是最大政绩的理念，用好重要历史文化和革命文化资源，把全面从严治党引向深入。要把建设党内政治文化、严肃党内政治生活、净化党内政治生态作为重要任务，教育各级党组织和广大党员干部增强“四个意识”、坚定“四个自信”、做到“两个维护”、牢记“国之大者”；全面贯彻新时代党的组织路线，选好用好干部；持之以恒正风肃纪，严惩各种腐败现象，努力营造密切党群关系的良好政治生态。

沂蒙精神生动描述了“水乳交融、生死与共”的党群关系，是党的群众路线的生动实践。我们党一心为民，坚持把人民的根本利益放在首位，把人民的事业当作自己的事业；人民群众一心向党跟党走，在党的领导下为民族伟业无私奉献。

无论是从历史逻辑、现实需要看，还是从形成发展、时代价值看，沂蒙精神都彰显着党的初心使命。它是我们党在苦难辉煌中镌刻初心使命的辉煌史诗，是我们党在鱼水情深中铸就初心使命的光辉篇章，是我们党在自我锻造中砥砺初心使命的生动写照，是我们党在逐梦征程中铭记初心使命的英雄赞歌。

沂蒙精神的价值不仅彰显于硝烟弥漫的革命年代，而且体现于社会主义建设和改革开放时期，蕴含了走向胜利的根本力量，诠释着百年大党的成功密码。它是高扬政治信仰的一面旗帜，是永葆对党忠诚的一座灯塔，是激励拼搏奋斗的一曲壮歌，是衡量规矩纪律的一把尺子。

沂蒙精神蕴含了共产党人一心为民的崇高品质，彰显了人民群众一心向党的博大情怀。立足新时代，面对新使命新担当，我们要深入学习贯彻习近平新时代中国特色社会主义思想，牢记党的光辉历史，自觉践行初心、使命，让“党群同心、军民情深、水乳交融、生死与共”的沂蒙精神绽放出更加绚丽的光芒，谱写新时代党群关系新篇章。

学习思考

1. 联系山东改革开放的实践，谈谈对新时代弘扬沂蒙精神的认识。

2. 新时代如何弘扬沂蒙精神？

参考文献

1.《马克思恩格斯文集》，人民出版社2009年版。

2.《列宁选集》，人民出版社2012年版。

3.《毛泽东选集》，人民出版社1991年版。

4.《毛泽东文集》，人民出版社1993、1996、1999年版。

5.《毛泽东军事文集》，军事科学出版社、中央文献出版社1993年版。

6.《毛泽东年谱（1893—1949）》（修订本），中央文献出版社2013年版。

7.《刘少奇年谱（1898—1949）》（增订本），中央文献出版社2018年版。

8.《邓小平文选》，人民出版社1994年版。

9.《邓小平年谱（1904—1974）》，中央文献出版社2009年版。

10.《江泽民文选》，人民出版社2006年版。

11.《胡锦涛文选》，人民出版社2016年版。

12.《习近平谈治国理政》第一卷，外文出版社2018年版。

13.《习近平谈治国理政》第二卷，外文出版社2017年版。

14.《习近平谈治国理政》第三卷，外文出版社2020年版。

15.《习近平谈治国理政》第四卷，外文出版社2022年版。

16. 中共中央宣传部：《习近平文化思想学习纲要》，学习出版社、人民出版社2024年版。

17. 本书编写组：《中国共产党简史》，人民出版社、中共党史出版社2021年版。

18. 中共山东省委党史研究室编：《山东党的革命历史文献选编》，山东人民出版社2015年版。

19. 中共山东省委党史研究室编著：《中共山东编年史》，山东人民出版社2015年版。

20. 中共山东省委党史研究室：《中国共产党山东历史》，山东人民出版社2018年版。

21. 中共山东省委党史研究院、中共临沂市委党史研究院编：《沂蒙精神志》，山东人民出版社2019年版。

22. 中共山东省委宣传部编：《永恒——沂蒙精神与群众路线》，山东人民出版社2013年版。

后 记

本书的编写得益于两项课题的研究基础。其一，依托山东省本科教学改革研究重点项目“基于‘四史’教育理念的山东高校本科通识教育特色课程建设研究”（Z2022119），本书是探索构建具有山东特色高校通识课程的直接成果，旨在以沂蒙精神通识课程建设为深化高校思想政治理论课改革创新提供实践案例。其二，得益于山东省社科联人文社会科学课题“沂蒙精神文献整理与沂蒙文库建设”（2023-zkzd-002），本书获得了坚实的史料支撑与学术根基，也是该课题成果的具体体现。

本书在编写和修改过程中，得到了林学启、冯锋、吴秀才、张勇、颜景高、曲延春、盖志芳等专家学者的参与和指导。本书的编辑和出版，得到中共山东省委宣传部、中共山东省委党史研究院（山东省地方史志研究院）、山东师范大学马克思主义学部、山东沂蒙精神研究会、沂蒙精神和红色文化研究中心的支持，在此一并表示感谢。另外，特别感谢山东人民出版社马洁、胡桂生两位编辑的精心编校。

由于水平有限，本书难免存在一些错讹之处，欢迎批评指正。